日本人の脳に最も適した
「インド式英語学習法」
This is the best English method for Japanese brain.

株式会社パンネーションズ・
コンサルティング・グループ代表取締役 **安田　正** 著

ダイヤモンド社

How to learn English with the Indian method

『英語は「インド式」で

【1】これは想像以上でした！ 今までの「英語勉強」に費やしてきた時間が、もったいないと思いました。
　　　　　　　（45歳　男性　システムエンジニア）

【2】「英語に対する考え方」がわかった！　この学習法ならば年齢に関係なく学べることがわかった。
　　　　　　　（38歳　女性　人材派遣会社・営業）

【3】「英語は発音です！」と言われるかと思いましたが、「今の英語は変化しています！」と言われ、目から鱗(うろこ)、状態でした。
　　　　　　（33歳　男性　自動車メーカー・エンジニア）

【4】英語表現は「基本ルールの構文」にのっとるならば、いろいろな表現を構築してよいという、自由さを感じました。
　　　　　　　（52歳　男性　食品会社・開発）

【5】「世界標準の英語（グローバル・イングリッシュ）」はネイティブから学んでも話せない。私たちの持っている英語の知識のなかから作る、ということを学べた！
　　　　　　　（43歳　女性　製薬会社・MR）

学べ！』体験者の声

【6】英語はシンプル。今までの「文法＆文型」といった固い学問ではなく、シンプルで実際に使われやすいコミュニケーションツールであることが、発見できた！
　　　　　　　　　　　　（20歳　男性　学生）

【7】英語に対する考え方が変わった。しゃべれそうな気がしてきました！
　　　　　　　　　　　　（32歳　女性　会計士）

【8】「グローバル・イングリッシュ」の世界では、多様な英語が話されており、どんどん話しやすくなっているのだと思いました。これならできそうです。
　　　　　　　　　　　　（21歳　女性　学生）

【9】これまでの英語学習は何だったのでしょう……。この「インド式英語学習法」を知ることができて、本当によかった！
　　　　　　　　　　　　（32歳　男性　小売業・販売員）

【10】英語をしゃべるって、「考え方を変えるだけ」なんだと、気づかされました。ぜひ、今回、学んだことを、仕事に活かしていきたいです。
　　　　　　　　　　　　（46歳　男性　証券会社・営業）

How to learn English with the Indian method

はじめに

📖 「英語を話したい！」という、まさに、あなたのための本です！

こんにちは。安田 正（やすだ ただし）です〜！！

本書『英語は「インド式」で学べ！』を、お手に取っていただき、ありがとうございます！！

本書を手に取ったあなたは、もしかしたら、次のような「思い」をお持ちではありませんか？

- **「1時間後に英語が話しはじめられる」って、それが本当ならば、その方法を、ぜひ、知りたい！**

- **英語が話せないのは、そもそも、今までの「学習法」が間違っていたからではないのか？**

- **もしかしたら、「インド式」であれば、自分も英語が話せるようになるのではないか？**

- **「いつか」は英語が話したい！　そして、そのきっかけがこの本に、あるのではないか？**

……もし、そんな「思い」をお持ちなのであれば、

本書『英語は「インド式」で学べ！』は、まさに、

「あなたのための本！！！」

と言っても過言ではないぐらい、あなたにピッタリの内容が詰まっています！　なぜなら、本書は、

- **英語が苦手な人でも、1時間後には、英語が話しはじめられるようになる！**

- **まさしく日本人のための「英語学習法」！**

- **「たった3つの動詞」で、誰でも「英文のカタチ」が作れるようになる！**

- **単語、文法、発音、などの、新規の暗記は必要なし！**

- **いちばんカンタンな英語で、世界に通じる英語（グローバル・イングリッシュ）が話せるようになる！**

……という要素を満たした、まったく新しい英語の学習法である「インド式英語学習法」を、あなたにお伝えする本だからです！！！

今までの英語の学習法は、日本人に合っていなかった！

……と言ってみたものの、今まで、いろいろな「英語の学習法」を試してみても、なかなか英語が上達しなかった経験がおありの方であれば、本書の「インド式英語学習法」の内容にも、半信半疑かもしれませんね。

実は…、英語を学習している人の99％が、

「英語を勉強しても、全然、話せない……」

というのが現状なのです！

だからこそ、次から次へと新しい「英語教材」が出ては消え、出ては消え…。また、相変わらず「英会話スクール」も、こんなにもたくさんあるのです。そこで、「根本的な疑問」に立ち返ってみましょう。

「なぜ、99％の日本人は、中・高・大学と10年間も英語を学んできているにもかかわらず、ほとんど、ひと言も英語が話せないのでしょう？」という疑問です。

「日本人だけ、特別に、語学の才能がない」から？
……いえいえ、そんなことはありません。

　だって、そもそも「日本語」は、世界的にみても、1位、2位を争うほど難しい言語とも言われていますが、その言語を、私たちは「識字率がほぼ100％」で、縦横無尽に、使いこなしているわけですから！

　英語を学んでも、99％の日本人が話せなかったのは、実は、**「従来の日本人の英語の学習方法」が、「日本人には合っていなかった」**からなのです！

　……というのも、私たちが受けてきた「英語教育」とは、英単語を暗記しなさい、英文法を暗記しなさい、あとは、英語に慣れなさい…というやり方です。

　この方法がマッチするのは、「英語と比較的に似ている仲間の言語」に限った場合なのです。

　ドイツ語、フランス語、イタリア語、スペイン語などのヨーロッパの言語は、それぞれ、英語ととてもよく似ていて、単語などは、同じものもたくさんありますし、「文のカタチ（単語の並び順）」も、とてもよく似ています。

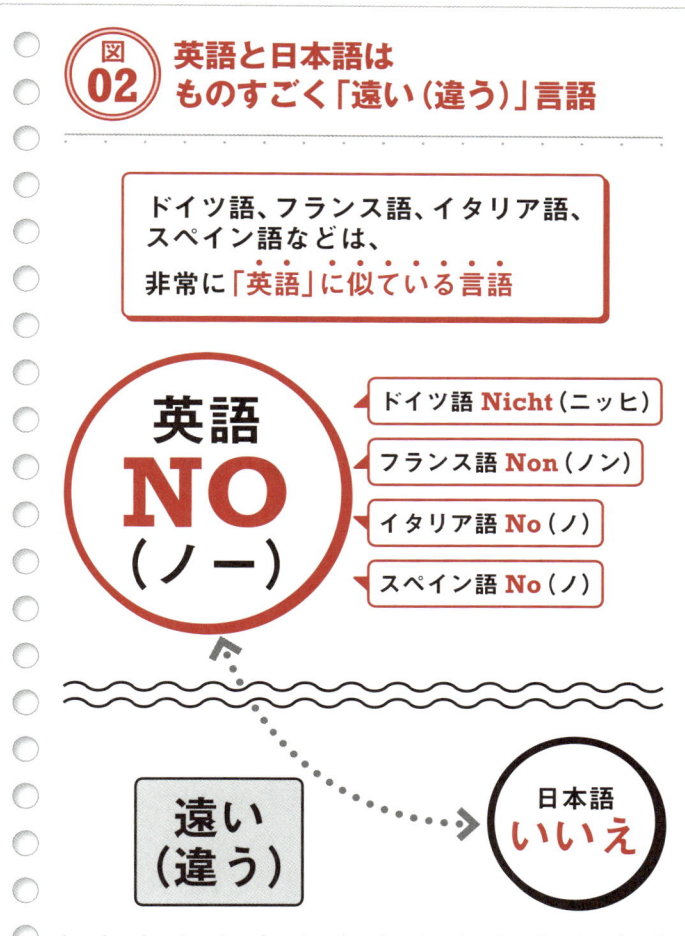

英語とヨーロッパの言語は、お互い似たルールに基づいて文章を作るので、置き換えもカンタンです。

　だから、ヨーロッパの人々は、繰り返し英語に慣れていくだけで、「感覚的に何となく英語がわかってきてしまう」ということが可能なのです。

 **英語と日本語は、似ても似つかない、まったく違う言語**

　英語とヨーロッパの言語が似ているという感覚は、**日本語でいうところの「方言」と同じ感覚**です。

　30年前、私が仙台から東京へ出てきたころ、電車に乗ると、「車内アナウンスのイントネーション」が違っていて、うまく聞き取れず、「降りそこねたらどうしよう……」と、ドキドキしたものでした。

　……というのも、私がそれまで話していた、東北の私の地元の方言は、語尾に「○○ちゃ」とつけます。

　ですから「これ飲みなさい」は「これ飲んだれっちゃ」と言います。

東京に来たとき初めて、「あぁ、東京の人は、語尾に『○○ちゃ』をつけないんだなぁ」と思ったほど、全然、違う言葉のように感じていたのです。

　ところが、１カ月もすると、自然と「東京の言葉」も聞き取れるようになり、気づくと、東京の人と変わらないイントネーションで、話せるようになっていました。

　ほかにも、「大阪弁」と「東京弁」は、あんなにも違うのに、みなさん、「自然に意味は理解できている」じゃないですか！！

　近い言語とは、そんな「方言のようなもの」なので、繰り返すうちに自然に聞き取れ、そして話せるようになってしまうのです。

　ところが……、

日本語と英語とは、まったく似ても似つかない言語

です！！！　本当に、まったく違います！！！

　文字自体もぜんぜん違う。文のカタチも違う。

ルールが根本的に違う。

「すべてが、ことごとく違う」のです！！！

　こんなにも「英語とまったく違う言語」を使っている私たち日本人が、英語の仲間の言葉を使っているヨーロッパの人達と同じやり方、つまり「習うより慣れろ」方式で学習しても、英語が上手くなるはずがありません。

　私は声を「大」にして言いたい！！！

「日本人の語学の能力が低いから、英語が話せないのではなくて、今までの日本人の『英語学習法』が間違っていたから、英語が話せなかっただけなのです！！」

　ですから、決して、あきらめないでください。そして、自分を責めないでください。

　私たち「日本人に合った英語学習法」であれば、英語は、必ず、話せるようになるのです！！！

「インド式英語学習法」とは、日本人に合った英語学習法！

さて、「従来の日本人の英語学習法」が日本人にはまったく合っていなかったのと同じように、従来の英語学習は、さまざまな「ウソ」に満ちています！

・**【英語の先生はネイティブがいちばん】→ウソ**
日本人がつまずきやすいポイントをよく理解している「日本人の講師」が、いちばん効率がいい！

・**【たくさん聞き流せば英語は話せる】→ウソ**
先ほどの解説でわかるとおり、英語と日本語は、言語が違い過ぎるので、聞き流すだけでは英語は習得できません。

・**【単語をたくさん覚えれば英語は話せる】→ウソ**
「英語を文章のカタチで話す」ことができなければ、こちらのイイタイコトは伝わりません。

・**【英語のテストの点数が良ければ話せる】→ウソ**
一例を挙げると「TOEIC®テスト」900点を取ったことがある人でも、流暢(りゅうちょう)に話せない人は少なくないのです。

・**【ネイティブの発音に近づけば話せる】→ウソ**
今や、20億人の英語人口のうち、「非ネイティブ（英語以外を母国語として、英語を話している人）」は、17億人となり、全体の85％を占めるので、ネイティブの発音に近づけることは、もう、すでに重要ではない。

……このように、従来の英語学習は、本当に「ウソ」だらけなのです。

　これでは、私たち、日本人が、英語ができなかったのは、当然といえば、当然のことだったのです！

非ネイティブ同士が意思疎通をする「世界標準の英語」だからこそカンタンに！

　今や、英語の総人口20億人のうち、17億人が非ネイティブです。

　そのため、当然、非ネイティブ同士が、英語でコミュニケーションをとりやすいようにするため、「世界標準の英語（グローバル・イングリッシュ）」は、これまでの英語より、10倍ぐらいカンタンになっているのです！！

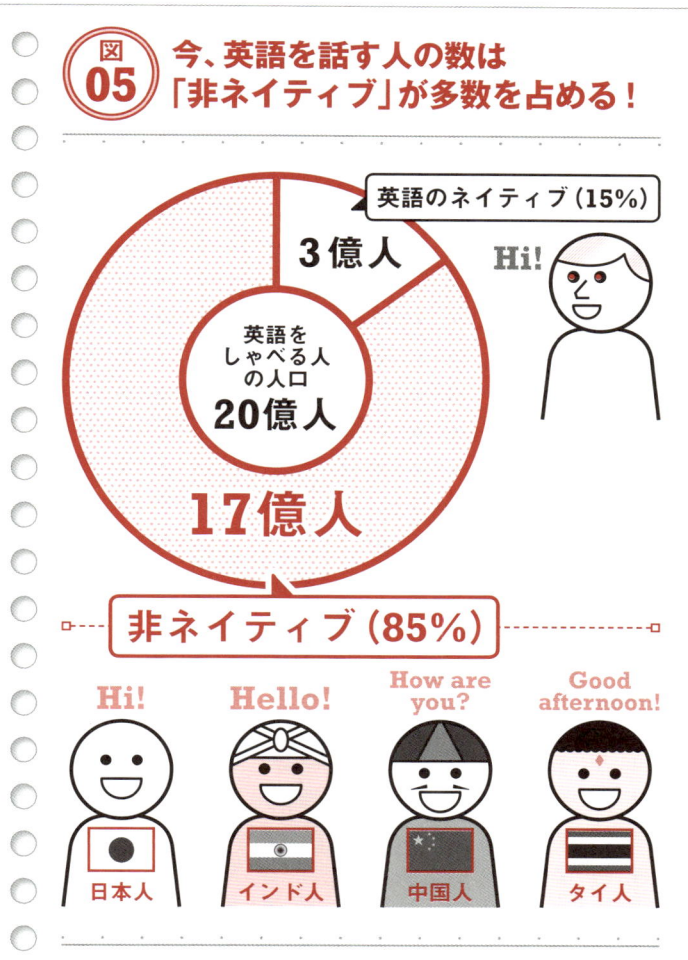

【世界標準の英語（グローバル・イングリッシュ）】が10倍カンタンになっている「４つの理由」

【カンタンな理由その①】
「発音は気にしません」

【カンタンな理由その②】
「イディオム（慣用表現）は使わない」

【カンタンな理由その③】
「新しい単語を覚える必要なし」

【カンタンな理由その④】
「英語が得意でない人でも使える」

……このように、非ネイティブ同士が、使ってわかりやすい道具としての「英語」へと、英語自体が変化しているのです。

　このため、21世紀の「世界標準の英語（グローバル・イングリッシュ）」は英語の歴史上、一番カンタンに変化しているのです！

今、「世界標準の英語」をいちばん使いこなしているのはインド人！

　さて、それでは、今、世界で「世界標準の英語（グローバル・イングリッシュ）」を使いこなしていると、私が、感じているのは……、ズバリ！　インド人です。

　確かに、インド人の「英語人口」は2020年になるころには、世界で一番多くなると予測されています。

　実際、**インド人の英語人口は、1990年代〜2000年代の約20年間で、なんと10倍に増えているのです！！**

　なぜ、これほど多くのインド人が英語を話せるようになったのか？

　それは、「インドでの英語学習の方法」が、まさに「世界標準の英語（グローバル・イングリッシュ）」の考え方に、ドンピシャリだったので、多くのインド人が英語を話せるようになり、これほどまでに英語人口が爆発的に増えたと、私は思っています！！

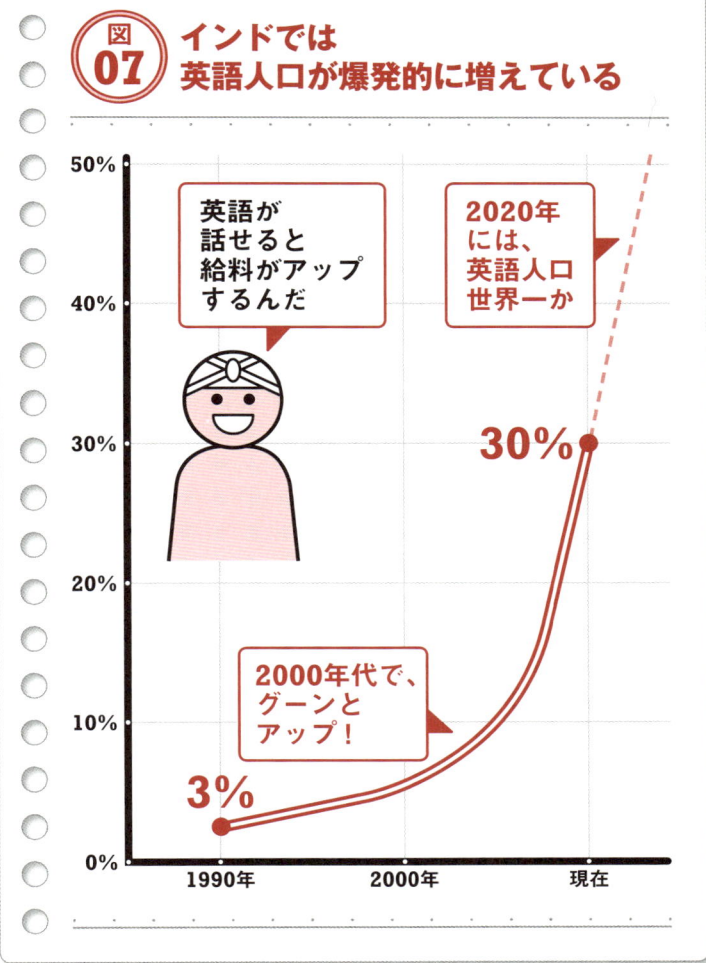

「インド式英語学習法」＝「世界標準の英語」＝日本人にもピッタリ

さて、それでは、「世界標準の英語（グローバル・イングリッシュ）」と「インド式英語学習法」の特徴を、よ〜く、見くらべてみてください。

【世界標準の英語（グローバル・イングリッシュ）】の４つの特徴
①「発音は気にしません」
②「イディオム（慣用表現）は使わない」
③「新しい単語を覚える必要なし」
④「英語が得意でない人でも使える」

【インド式英語学習法】の３つの特徴
①「発音は気にしない」
②「『インド式英語』を使うための工夫をする」
③「英語は道具なので、使わない単語は覚えない」

……、ほぼ一緒なのです！！

つまり、「インド式英語学習法」＝「世界標準の英語（グローバル・イングリッシュ）」であり、「こ

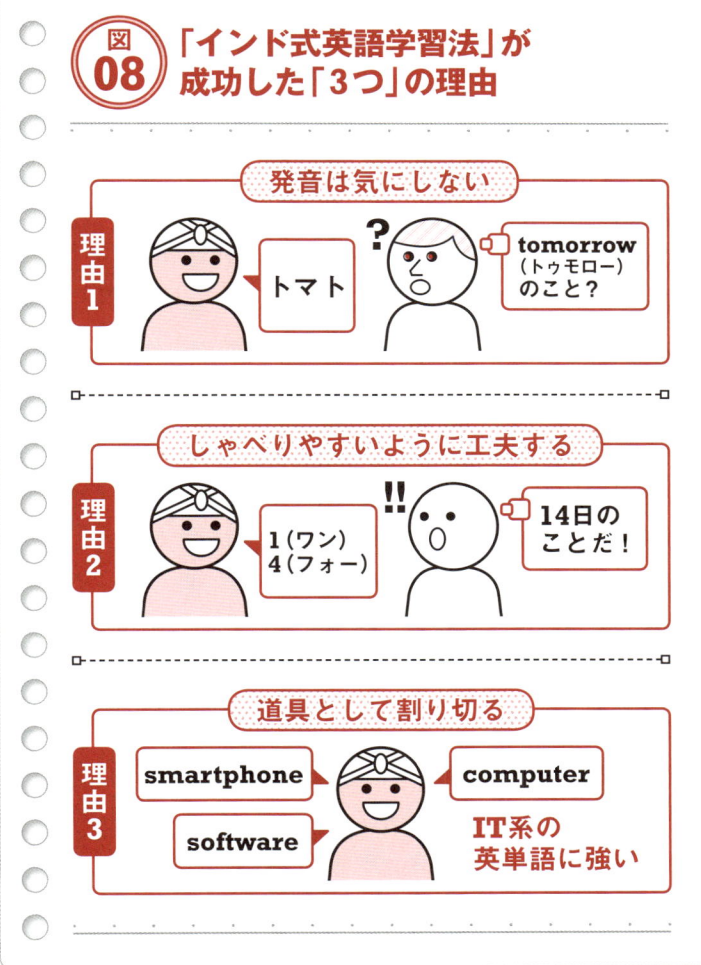

れから世界で使われる英語の考え方＆学び方」を、まさに体現したのが、「インド式英語学習法」なのです！

 研究の末にたどり着いた、日本人に最も効果的な学習法！

　日本でも、「日本人が使いやすい英語」で、かつ、「世界に通じる英語」を作る必要があるのです！

　ここで、「インド式英語学習法」の特徴である、
①「発音は気にしない」
②「『インド式英語』を使うための工夫をする」
③「英語は道具なので、使わない単語は覚えない」

を取り入れて、日本人に学びやすい形にしたものが…、

【日本人のための「インド式英語学習法」】
①**「発音は気にしない」**
②**「単語」「文法」など、新しい暗記はしない**
③**「sound／find／give」の３つの動詞で英文のカタチを作れるようにする**

……とりあえず、これだけで、**OK**です！
　どうです？　カンタンでしょ！　できそうでしょ！

　そして、本書のなかでも、最も大きなポイントこそが、P119〜の「第４章」で解説する、

③「**sound／find／give**」の３つの動詞で英文のカタチを作れるようにする

という部分なのです。

　これは、長年の研究の末にたどりついた、日本人に最も効果的な学習法であり、私が代表を務める会社である「パンネーションズ」の研修で、数十万人の生徒に対して指導し、絶大なる効果を上げているメソッドなのです！！

　あなたが今まで、英語が話せなかったのは、あなたのせいではありません！
「今までの学習方法が、日本人に合っていなかっただけ」なのです！！！

　今までの「学習方法」さえ変えれば、あなたも、必ず、英語が話せるようになるのです！！！！

「3つの動詞」がそれぞれに作る英文のカタチをマスターしよう！

　さて、「英語」という言語のルールとして、「動詞が英文のカタチを決める」というのがあります。

　ですから、今までの英語の学習法のように、**日本語の単語を、一語一語、英語に訳して英文を作っていく方法というのは、大きな間違い**なのです。

「動詞と英文のカタチをセット」として英文を作っていくという方法が、日本人が英語を攻略する上で、最も大切な発想法なのです！

「①伝えたい日本語がある」
→「②動詞を選ぶと英文のカタチが決まる」
→「③動詞の前後に単語を当てはめる」

　P119〜の「第4章」で解説する、このプロセスを、何度も練習することで、瞬時に英文ができるようになるのです。
　この「日本語→英文への変換」を瞬時にできるように、私は「英文のカタチ」を、シンプルで理解しやすい、「3種類の動詞とセットの英文」にしぼり

図09 動詞が決まれば「英文のカタチ」が決まる

動詞	英文のカタチ
sound	**A sound B** Aは＝Bのようだ 例 The manager sounds angry. そのマネージャーは怒っているようだ。
find	**誰 find A＝B** 誰は Aが＝Bであるとわかる 例 I find the office wide. 私はそのオフィスが広いとわかる。
give	**誰/何 give 人 物** 誰／何は 人に 物を 与える 例 I give you hints. 私はあなたにヒントを与える。

ました。それが、図09にある、「**sound／find／give**」とセットの英文のカタチです。

　この、たった「３つの動詞とセットの英文のカタチ」を覚えるだけで、カンタンに英文を作ることができ、私たち日本人の弱点を乗り越えられるのです！

……「え！　たった３種類の動詞だけで！」…と、まだ信じられませんか？　でも、本書を読み終わる１時間後には、誰にでも、カンタンに英語を話しはじめられるようになりますから、安心してください！

　そして、この「３つの動詞と英文のカタチ」をセットで使えるようになると、２つの「すごいこと」が起こります！

①「**sound／find／give**」を使って、
　自由に英文のカタチを作り出すことができる
　（※直訳せずに、日本語と英語の壁を越えられる）

②「**sound**」←→「**find**」←→「**give**」
　というように、ある１つの日本語を、他の動詞で、
　言い換えることができるようになる
　（※つまり「表現の幅」が広がる）

そうなんです！　つまり、1つ目には、「何かイイタイコト」があったときには、あなたはこれから、「**sound／find／give**」の、どれかの動詞に、なんとか当てはめて、「英文のカタチ」が作れる基礎力を身につけることができるのです！

　今まで、「英文のカタチ」で、ひと言もしゃべれなかった人が、わずか1時間で、こんなに変わってしまうわけですから、「いかに『インド式英語学習法』が、理にかなっているか！」ということの証明なのです！

　そして、2つ目には、図10にあるように、実は、あなたは知らず知らずのうちに「**sound**」↔「**find**」↔「**give**」というように、他の動詞で「同じ内容」をしゃべれるようになってしまうのです！

99％の日本人は「英文のカタチ」で、英語を話せない！

　本書を読む前の99％の日本人の「英語力」では、たとえば「あの話は本当っぽい」っていう日本語を、英語の文章で話したいなぁ、と思ったときに……、

① 【**sound**】の動詞→**That story sounds true.**

② 【**find**】の動詞→**I find that story true.**

③ 【**give**】の動詞→**That story gives me truth.**

…なんて英語は、話せません！

　それも、そのはず、私の長年の英語指導の経験に照らし合わせても、「99％の日本人はこんな英語は思いつきもしない！」のです。

　なぜなら、「日本語と英語では、あまりにも、『文章のカタチ（語順）』が、かけ離れているから」なのです！

　でも、これから本書で学んだ１時間後のあなたなら、「**sound**」で英文のカタチが発想できなかったら、「**find**」で、それも思いつかなかったら「**give**」で、というように、いくらでも「英文のカタチ」で作ることができるのです。

　これまでの「単語だけで話す＆直訳をする」とい

う発想を→「動詞で英文のカタチを決めて、イイタイコトを当てはめる」に変えれば、英語がスラスラ、口から飛び出すようになるのです！

　私が「『インド式英語学習法』で、あなたは絶対英語が話せるようになる！」と自信を持って言えるのは、私は、実際に、このやり方で、世界中の方々に向けて、英語で話しているからなのです！

「日本語」→「日英語(にちえいご)」→「英語」の3ステップで英文のカタチを作る

　これからお教えする「インド式英語学習法」であれば、1時間後には「英文のカタチ」で話しはじめられるようになりますし、その後、1日20分×わずか3カ月くらいの学習で、ぐんぐん「世界標準の英語（グローバル・イングリッシュ）」が、話せるようになるのです！！

　「**sound／find／give**」を使って英文のカタチを作れる…、この英語学習法は、日本語の意識（日本語脳）のまま、イイタイコトを当てはめているだけ。

　つまり、日本語で考えて、日本語の理屈から学

ぶ、まさに大人向けの方法であり、「**日本語脳のまま、英語が話せてしまう**」そんな方法なのです。

　この学習法を行なううえでの前提条件としては、「中学校で習う英語の知識を持っていること」、そして「日本語がペラペラなこと」(笑) だけです。

　ぜひ、「日本語」→「日英語(にちえいご)」→「英語」の３ステップで、英語に変えていく練習をしてみてください！

　そして、その英文を「声に出して」読んでみます。これを繰り返すことで、「動詞と英文のカタチがセット」で、頭に入ってきます。

　これで「日本語→英語の回路」が、頭にできてしまうのです！

「**sound／find／give**」で、その回路ができてきたら、今度は、P245〜の「巻末資料」ページにある、「３つの動詞の仲間の動詞」でも同じことをやってみてください（すべての動詞に例文がついています）。

　とにかく、だまされたと思って、３カ月間、毎日20分間だけ、あなたが表現したい英語を、この「３

ステップ」で練習してみてください！

　３カ月後には、かなり難しい英文でも、話せるようになっています！

　そして、このように「動詞と英文のカタチのセット」が頭に入っている状態になると……「聞く」ことと「読む」ことの両方が、英語のカタチを捉えながらできるようになり、一語一語、訳して聞いたり読んだりしていた頃より、何倍も、スムーズに内容を理解できるようになります！

　そして、さらに「英文のカタチで話す」ことができるようになると、「論理的でわかりやすい英文を話せる」レベルまで、到達することができるのです！

　何度も言いますが、あなたが今まで、英語が話せなかったのは、あなたのせいではありません！
「今までの学習方法が、日本人に合っていなかっただけ」なのです！！！

　さぁ、あなたも、「インド式英語学習法」で、世界に向けて、あなたの意見を、発信しましょう！！！

英語は「インド式」で学べ！

How to learn English with the Indian method

CONTENTS

- ◉『英語は「インド式」で学べ！』体験者の声 002
- ◉はじめに 004

第1章

「従来の英語学習法」5つの間違い

- 【従来の学習法の間違い①】聞き流せば英語は上達する **042**
- 【従来の学習法の間違い②】英単語を増やせば話せる **046**
- 【従来の学習法の間違い③】テストの点がよければ話せる **050**
- 【従来の学習法の間違い④】発音はネイティブに近づける **054**
- 【従来の学習法の間違い⑤】先生はネイティブがいちばん！ **058**
- まとめ **062**

第2章

「世界標準の英語」はカンタンになっている

- 英語を話す人の数は、非ネイティブの方が多い **064**
- 英語は「カンタンな方向」へと変化している **068**
- 「世界標準の英語」を道具として使いこなそう **072**
- 「世界標準の英語」がカンタンな4つの理由 **076**
- 【カンタンな理由①】発音は気にしません **078**
- 【カンタンな理由②】イディオムは使わない **082**
- 【カンタンな理由③】新しい単語は覚えなくて**OK** **086**

- ◉【カンタンな理由④】英語が得意じゃなくてもOK 092
- ◉英語が話せれば、人生が10倍豊かになる！ 096
- ◉英語ができるかどうかで、3,000万円の差がつく！ 098
- ◉「何のために英語を学ぶのか？」を明確にしよう 100
- ◉まとめ 102

第3章
「インド式英語学習法」こそ、最も効率のいい学習法

- ◉約20年間で10倍になったインドの英語人口！ 104
- ◉「インド式英語学習法」の3つの特徴 108
- ◉今までの学習方法は、日本人に合っていなかった 114
- ◉まとめ 118

第4章
「3つの単語」だけで、英語が話せる！

- ◉日本人がつまずきやすい2つのポイントとは？ 120
- ◉日本人のための「インド式英語学習法」 130

- ●「3つの動詞」で英語のカタチを理解する **132**
- ●「A sound B」をマスターしよう！ **138**
- ●「sound」の英文のカタチを練習してみよう！ **144**
- ●「at」「with」だけで、「積み残し情報」はOK **148**
- ●「誰 find A＝B」をマスターしよう！ **154**
- ●「find」の英文のカタチを練習してみよう！ **162**
- ●「誰／何 give 人 物」をマスターしよう！ **170**
- ●「give」の英文のカタチを練習してみよう！ **176**
- ●「3つの動詞」を使えば、どんなことでもしゃべれる **180**
- ●「3つの動詞」でイイタイコトをしゃべる練習 **188**
- ●まとめ **196**

第5章

英語がカッコよく話せる「7つのコツ」

- ●英語がカッコよく話せる7つのコツとは？ **198**
- ●【7つのコツ その①】声量を2倍にする！ **200**
- ●【7つのコツ その②】最後こそハッキリと！ **206**
- ●【7つのコツ その③】首は痛くなるまで振る！ **212**
- ●【7つのコツ その④】視線はココに！ **218**
- ●【7つのコツ その⑤】ジェスチャーは右手に注意！ **224**
- ●【7つのコツ その⑥】切るのは動詞の後で！ **228**

CONTENTS

- ●【7つのコツ その⑦】先を予測して聞く！ 232
- ●「1日20分×3カ月」で英語がしゃべれる練習法 240
- ●まとめ 244

第6章

【巻末資料】
「sound／find／give」の仲間の動詞39個

- ●「sound／find／give」の仲間の動詞39個 246
- ●soundの仲間の動詞10個 247
- ●findの仲間の動詞11個 258
- ●giveの仲間の動詞18個 270

- ●おわりに 290

（※注）本書『英語は「インド式」で学べ！』は、読者の皆様が「中学校卒業程度の英語力」をお持ちのことを前提とした内容構成になっております。本書では、「中学校卒業程度の英語力」をお持ちの方が、本書の内容を約1時間程度お読みいただくことによって、「sound／find／give」の3つの動詞を使って、英文のカタチで、英語を話しはじめることができるようになったという、「著者のセミナー」での実績をもとに書かれております。本書をお読みいただいただけで、すべての人が、英語が話しはじめられることを保証するものではありません。

- ●カバーデザイン／ハッチとナッチ
- ●本文デザイン・DTP／斎藤 充（クロロス）
- ●編集協力／藤吉 豊（クロロス）
- ●編集担当／飯沼一洋（ダイヤモンド社）

CONTENTS

第1章
「従来の英語学習法」 5つの間違い

How to learn English with the Indian method

【従来の学習法の間違い①】
聞き流せば英語は上達する

「たくさん英語を聞き流せば、話せるようになる」…はウソ

「とにかく英語をたくさん聞き流して、英語のシャワーを浴びること。すると自然に、英語がわかるようになってくる！！」

……残念ながら、それはウソです（キッパリ）。

よく聞く話ですが…、「とにかく、英語漬けの環境に行けば、英語がしゃべれるようになる！」とか、「とりあえず英語圏に留学してしまおう！　そうすれば何とかなる！」……これらはすべてウソなので、みなさん、だまされてはいけません！

その証拠に、日本に何年も住んでいるのに、全然、日本語が話せない外国人は、た〜くさんいます（特に英語学校の講師などに多い……）。

つまり、「日本語漬けでも日本語は上手くならない」のですから、当然、逆もしかりで、「英語漬けになっても英語は話せない」のです。

もしかしたら、あなたも一生懸命、通勤時間に

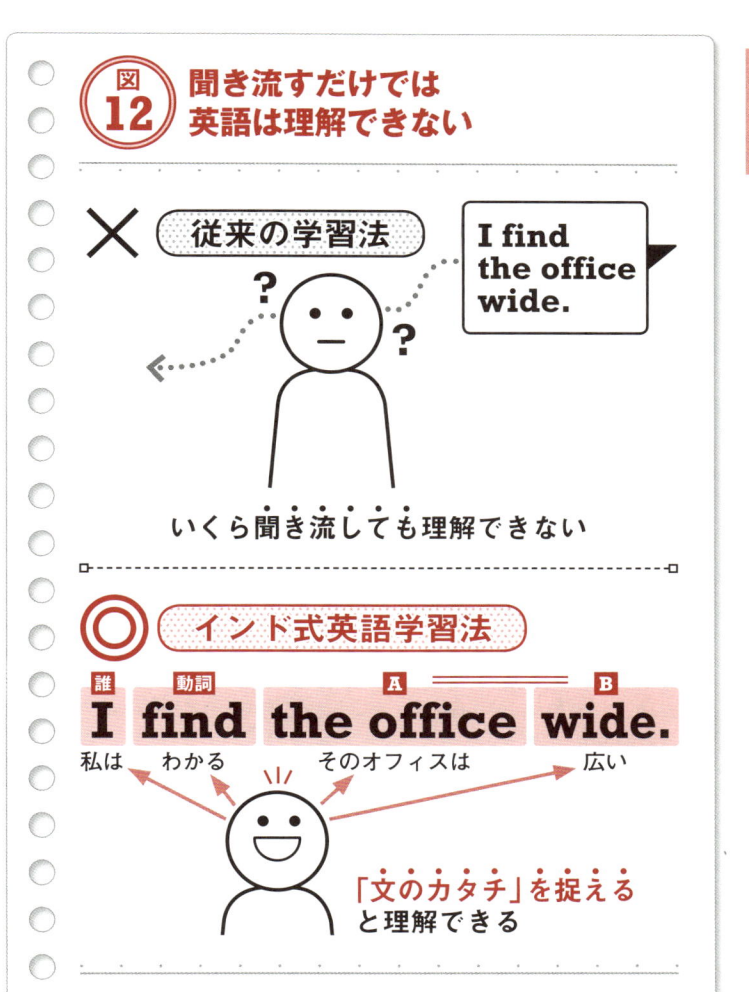

図12 聞き流すだけでは英語は理解できない

✕ 従来の学習法

I find the office wide.

いくら聞き流しても理解できない

◎ インド式英語学習法

誰	動詞	A	B
I	find	the office	wide.
私は	わかる	そのオフィスは	広い

「文のカタチ」を捉えると理解できる

「英語の聞き流し」をしているところかもしれませんね。

ただ、結論を言わせていただくと「意味やカタチがわからない英語」をいくら聞き流しても、英語をしゃべれるようにはなりません。

【インド式英語学習法】
「英語は文のカタチ」で理解する

本書でご紹介する「インド式英語学習法」においては、「聞く技術（リスニング）」のゴールは、**「相手が英語でしゃべっている、おおよその意味を捉えられること、大意を捉えられること」**です。

一字一句、日本語に訳して理解する必要はありません。つまり、「話のポイントを捉えられること」が一番大切なのです。

考えてみたら、私たちは、日本語であっても、相手が話しているすべての意味を、完璧に理解しているわけではありませんよね。「相手の話のポイント」を捉えて理解しているわけです。

ぜひ、「その程度の感覚で、英語を理解すること」を前提としてください。

　本書では、「英語を文のカタチで捉えること（英語の話のポイントを捉えていくコツ）」を伝授します。

　実は、英語の文章を「カタチとして話せるようになること」と、「英語を聞くこと」とは、完全に、同じカラクリで成り立っています。
　つまり「英語のカタチ」がわかれば、自然と「英語を話すこと＆聞くこと」の両方が、可能になるのです！

【従来の学習法の間違い②】
英単語を増やせば話せる

英単語をたくさん覚えれば、英語は話せるようになる…はウソ

「とにかく、わからない単語が多くて、英語が話せません…」
「わからない単語が出てくると、とたんにパニックになってしまい、全然聞き取れなくなってしまうんです…」

　確かに「英単語（ボキャブラリー）」は、ないよりもあった方が、それは有利ではあります。
　しかし、ひたすら英単語ばかり覚えても、英語は話せるようにはなりません（キッパリ）！

　実は、英語を話せるか話せないかにおいては、「単語力」は、それほど大きな問題ではないのです。

　なぜなら、英単語は「文の一部」であって、「文のすべて」ではないからです。
　ですから、単語だけで話すのではなく、きちんと**「英語を文章のカタチで話す習慣」**を身につければ、**「単語を多く覚えているかどうか？」は、それほど、大きな要因ではない**のです。

図13 英単語を覚えても英語は話せない

✕ 従来の学習法

Woderful!
Marvelous!

ワンダー？
マベラー？
ワカラナイデス…

「単語」だけ知っていても英語は通じない

◯ インド式英語学習法

His idea sounds good.
（彼のアイデアは良さそうだね）

ヨクワカリマス！
Yeah!!

「文章のカタチ」で話すことで通じる！

実際の状況を考えてみましょう。英語を話す相手というのは、たいていの場合、「お互いに意図も言葉も通じにくい間柄」の場合が多いことでしょう。

　そんな相手に…、

「**Data!**（資料！）」
「**Mail!**（メール！）」
「**Time!**（時間！）」

などと、単語だけでコミュニケーションしようとしても、通じるわけがありません。

「資料」や「メール」をどうしたいのか？
「時間」が何なのか？

　きちんと「英語の文章」として、話して説明しなければ、相手に理解してもらうことは不可能なのです。

【インド式英語学習法】
「単語」ではなく「文章」で伝える

　きちんと「自分の意図」を伝える。そのためには、

英単語だけを伝えるのではダメで、「英語を文章のカタチ」で表現し、伝えることが必要となってくるのです。

でも、あなたには「単語力」がありません…。では、どうしたらいいのでしょうか？

そんなときには、今あなたがすぐに思いつく英単語、シンプルな英単語、だけ使えばよいのです。それでも、「英語を文章のカタチ」として伝えれば、立派にイイタイコトは、伝わるのです。

そして、本書の「インド式英語学習法」では、「英語を文章のカタチ」として組み立てる方法を、たった「3つの英単語（3つの動詞）」を使って、本当にカンタンに、誰でもできるように紹介しています。

「英語を文章のカタチ」で話せるようになれば、単語力の問題は、自然に、解決されてしまうのです！

【従来の学習法の間違い③】
テストの点がよければ話せる

「英語のテスト」で高得点を取れれば話せるようになる…はウソ

　日本では、「TOEIC®テスト」が、非常に大流行しておりますね。

　もしかしたら、あなたもこれまでに、一生懸命、テスト対策の勉強をしたことがあるかもしれません。

　しかし、**実は「TOEIC®テスト」で、800点を取っただけ、900点を取っただけ、それだけでは、英語が自由に話せない人も、少なくありません！！**

　頑張って、いろいろな「英語のテスト対策」をしている人にはショックな事実かもしれませんが、これは、まぎれもない真実なのです。

　私の周りでも、「英語のテスト」で高得点を取っても、自由に英語を話している人というのは、ほんの「数パーセント」程度しかいないのです。

　なぜなら、各種「英語のテスト」の狙いというのは、そもそも、ネイティブが使う難しい単語、表現、イディオムなどを、どれだけ知っているかを試すことを主眼としていることがほとんど、だからです。

図14 「英語のテスト」で高得点を取っても、話せない

✗ 従来の学習法

イディオム → 英語テスト 100点 → 単語 / 表現

「単語・イディオム・表現」をどれだけ知っているか？

○ インド式英語学習法

誰 I（私は） **動詞** find（わかる） **A** this computer（このコンピューターは） **B** easy.（カンタンだ）

this easy computer

日本人が苦手な「英文のカタチ」をつくって話せる！

How to learn English with the Indian method

つまり、そもそもが、「私たち日本人はどうすれば、効率よく英語を話せるようになるのか？」を試しているわけではないのですから、各種「英語のテスト」で高得点を取っただけでは、英語がしゃべれないのは、当たり前のことなのです。

【インド式英語学習法】日本人がつまずくポイントを分析

　本書で学ぶ「インド式英語学習法」では、「私たち日本人はどうすれば、効率よく英語を話せるようになるのか？」を考えました。

　そのために、まず、「私たち日本人が英語学習上、つまずきやすいポイント」を、入念に分析しました。
　そして、「つまずきやすいポイント」を、効率よく乗り越えていく方法を、ついに発見したのです！

　それは、先ほどから、申し上げているとおり、日本人が苦手としている「英語を文章のカタチとして理解すること」なのです。

　これができるようになると、自分の伝えたい内容を、さまざまな「英文のカタチ」で話せるようにな

ります。

　つまり、自由自在に英語を操れるようになるということなのです。

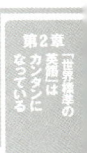

【従来の学習法の間違い④】
発音はネイティブに近づける

ネイティブのような発音に近づけないと伝わらない…はウソ

「やっぱり英語は発音が大切だよね！」
「日本人が間違いやすい、**L**と**R**の発音を、ちゃんと区別できるように練習しています！！」

「英語の発音」については、そんな学習者の声を、非常〜によく聞きます。

　しか〜し、これからの「21世紀の英語（世界標準の英語）」では、「発音」は、まっ〜〜〜〜〜ったく関係なし、なんです！！！

　今、この瞬間に英語を話している総人口の中に、「**L**と**R**の発音を区別して話せる人」は、いったい、何％くらいいると思われるでしょうか？

　実は、「発音がネイティブ（英語が母国語の人）的な人のほうが、もはや少数派」なのです！

　今や「非ネイティブ（英語以外を母国語として、英語を話している人）」は全体の85％以上ともいわれている時代に入ってきているのです！

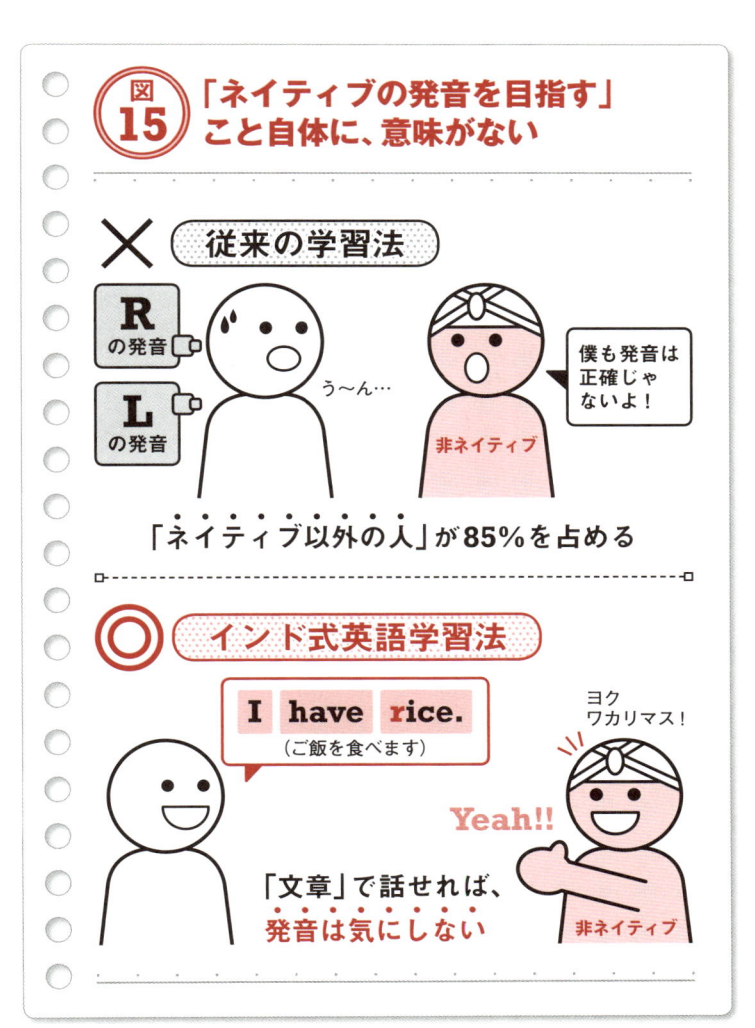

図15 「ネイティブの発音を目指す」こと自体に、意味がない

✗ 従来の学習法

- **R**の発音
- **L**の発音

う〜ん…

僕も発音は正確じゃないよ！（非ネイティブ）

「ネイティブ以外の人」が85%を占める

◎ インド式英語学習法

I have rice.
（ご飯を食べます）

ヨクワカリマス！
Yeah!!（非ネイティブ）

「文章」で話せれば、発音は気にしない

そんな、**ネイティブ的な発音ができる人のほうが少ないこの時代に、「誰の英語を基準」にするのか、どんな英語を目指すべきなのか、考え直すときにきている**のです。

　つまり、これまでの「ネイティブ的な英語が、よい英語という価値観」を、変える必要があるのです。
　もう「ネイティブの発音に近づけよう」などという時代では、なくなってきているのです。
　そんなことに「労力」をかけるのは、もう、やめましょう！

【インド式英語学習法】
発音は正確でなくても伝わる！

　これから、世界中に広まっていく「世界標準の英語（グローバル・イングリッシュ）」は、歴史上、類を見ないほど「世界中の人々が話しやすい英語」という、新しい英語なのです。

　こうなってくると、それぞれの「お国なまりの発音」で会話するのが普通になります。
　たとえば、日本人は「**L**と**R**の発音の区別ができないまま話す」のが当たり前だし、インド人は「舌

を巻きすぎる英語のまま話す」のが当たり前の時代に入ってきているのです。

　そのような状況下で、お互いに「イイタイコト」を相手に伝わるようにするためには、「英語を文章のカタチで話すこと」なのです。

「単語だけ」で話そうとするから、正確な発音でないと、伝わらなくなってしまうのです。

　文章のカタチで英語を話すことができれば、ちょっとぐらい発音が正確でなくとも、「イイタイコト」は伝わります！

　発音だけに翻弄されて、勉強が前に進まないよりも、「相手に通じればOK！」という気持ちに切り替えて、「英語を文章のカタチで話す練習」を、これからしていきましょう！

【従来の学習法の間違い⑤】
先生はネイティブがいちばん！

英語の先生は、やっぱりネイティブがいちばん…はウソ

　私たち、日本人が、自然に「日本語」を身につけてきたように、ネイティブ（英語が母国語の人）も、英語を自然に身につけました。

　そのため、「どのようにして、自分が英語を話せるようになってきたのか」が、自分でもわかりません。
　ですから、**当然、「日本人が英語を学ぶときに、どこにつまづきやすいか？」も、わかるはずがありません。**

　また、英語学習を「英語で指導される」と、英語が苦手な私たち日本人は、当然、効率が悪くなります。

「理解できない」→「ますます自信がなくなる」→「しだいにやる気がなくなる」……などということになりかねません…というか、すでに、そんな日本人が大勢いらっしゃいます。

　さらに、もっと悪い学習法は、「指導」というこ

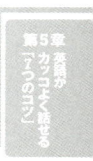

図16 「ネイティブの先生」に習っても英語は理解できない

✕ 従来の学習法

ネイティブの先生：「Hi! My name is John. I hope you can speak English!」

わからない… ??

「日本人のつまずくポイント」がわからない

◯ インド式英語学習法

日本人の先生：「私たち日本人がつまずきやすいポイントは…」

これはわかりやすい！

「英文の作り方」を、日本語で説明する

とさえないような授業内容もまかり通っていて、つまり、レッスンと称して、ただの「ネイティブ講師とのフリートーク（おしゃべり）」をするような授業内容だったりするのです。

そうなってしまうと、「会話のうち８割をネイティブ講師が、ただしゃべっている」などという状況になってしまっています。

これは、もはや、「英語学習」とさえ言えない状況であるというのは、ここまでお読みいただいた読者のみなさまには、おわかりになることでしょう。

日本人が英語を理解し、英語の基礎や基本を習得するためには、**日本人がつまずきやすいポイントをよく理解している「日本人が説明し、解説するのがいちばん効率がいい」**というのは、**明白な事実**なのです！

【インド式英語学習法】 日本人が英語のコツを教える

英語学習において最も効率がいい方法をお教えいたします。

まずは、「英語学習のコツ」を日本人講師が指導します。その指導の過程で、「私たち日本人がつまずきやすい共通の問題点」を洗い出し、１つひとつクリアーしていきます。

　こうして、「初期の英語学習のコツ」は日本人講師が教え、基礎演習を繰り返すことでコツの定着をはかります。
　そして、いよいよ実際に試す段階で、ネイティブ講師が登場する……これが最も効率がよい学習法なのです。

　テニスでも野球でも、まずは筋トレをし、素振りやストロークの練習をこなしてこそ、その後、試合に出られる段階へと移行するのです。

　英語学習も、スポーツとまったく同じです。「いきなり試合」に出て、わけもわからないまま負けたら、一気に自信をなくすだけなのです。

　しっかりと、しかも、最も効率のよい方法で「英語の基礎力」を身につけることを、まず、心がけましょう。

第1章「従来の英語学習法」5つの間違い

まとめ

1 英語は「聞き流すだけ」では上達しない。
「英文のカタチとして捉えること」
が大切

2 英単語をたくさん覚えても話せない。
文章のカタチで話すことで
「単語力」の問題は解消される

3 「英語のテスト」で高得点を取っても
英語は話せるようにはならない

4 **非ネイティブが85%を占める時代**に、
ネイティブ的な発音に
近づけること自体に意味がない

5 英語の先生は、日本人の
つまずきポイントをよく理解している
「日本人講師」がいちばん！

第2章
「世界標準の英語」はカンタンになっている

How to learn English with the Indian method

英語を話す人の数は、非ネイティブの方が多い

今、英語を話している大部分は英語を母国語としない人たち

　突然ですが……、「『英語を話す外国人』というのをイメージしてみてください」と、こう言われて、金髪で、肌が白く、青い目で、鼻が高くて、足が長い……こんな人をあなたは想像していませんか？

　ザンネン……。
　アメリカ人、イギリス人、オーストラリア人などの、ネイティブ（英語を母国語とする人）が「英語を話す人」……というイメージは、すでに過去のもの。それは、10年以上前のイメージです。

　現在、世界で英語をしゃべる人口は「20億人いる」と言われています。20億人のうち、ネイティブ（英語を母国語とする人）は何割くらいでしょう？

　なんと！「ネイティブ3億人」対「非ネイティブ（英語が母国語ではないが、英語を話す人達）17億人」なのです！
　ちなみに、非ネイティブの代表的な人達は、インド人、シンガポール人、フィリピン人などです。

図17 今、英語を話す人の数は「非ネイティブ」が多数を占める！

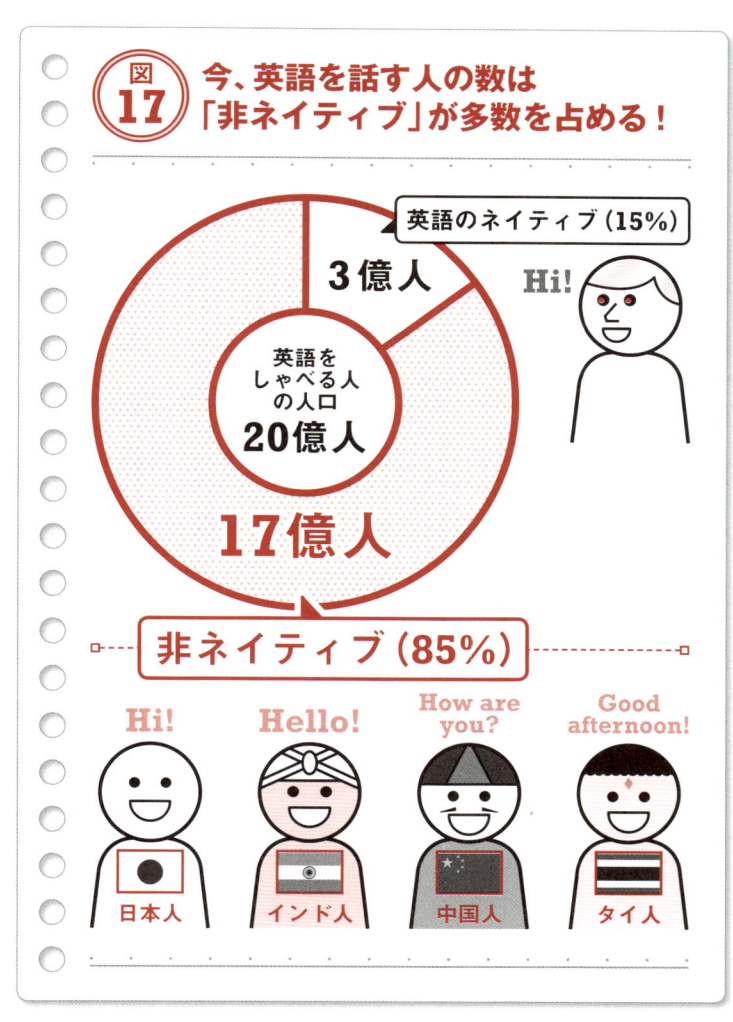

英語のネイティブ（15%）
3億人
Hi!

英語をしゃべる人の人口
20億人

17億人

非ネイティブ（85%）

Hi!	Hello!	How are you?	Good afternoon!
日本人	インド人	中国人	タイ人

この事実からもわかるように、現在、非ネイティブは、ネイティブの約6倍も存在するのです。驚きの数ではないでしょうか？
　グローバル化の今、英語をしゃべる人口は、「非ネイティブ」の人口の方が、圧倒的、大多数になってきているのです！

ビジネスは「英語で話す」が、世界中で常識となった

　たしかに、海外旅行のとき、韓国、香港、台湾、上海など屋台のおじちゃん、お土産屋のおばちゃん、そして免税店のお姉さんまで、ごくごく一般の人々が堂々と、「カタコト英語」で話しかけてきます。

　また、ビジネスでもそうです。日本の企業は、中国、台湾、タイ、インドなど、アジアの国々にビジネス進出する場合が多いですよね。
　その場合、会話の基本は「ほとんどが英語」です。現地語は、挨拶などを中心に、あくまでも現地の人と仲良くなるために少しだけ使うという位置づけです。

　私の仕事も、まさに、そうです。いろいろな大学でコミュニケーションについて講義する機会が多い

のですが、最近はアジア人を中心に留学生が急増しています。

　皆さん日本語はかなり上手いのですが、英語は、さらに、もっと上手い！　というか、**日本に来た留学生でも、「英語はしゃべれて当たり前！」で、その上で、日本語も話す！**　という感じです。

　私も講義の内容を詳細に説明する際には、彼らに英語で説明しています。
　やはり、日本の中にいても「非ネイティブ同士の共通言語は英語」なのです。時代は変わりました。

　もう、これまでの「英語を話す外国人＝欧米人（ネイティブ）」などというイメージは捨ててください。実際、現実は違います。
　ネイティブが15％で、非ネイティブが85％なのです。ですから、「英語＝ネイティブの英語」というイメージも、思いっきり、バッサリと、え〜〜〜いっっ！！　と放り投げてみてください！！！

　この「ネイティブの英語」を思い切って捨てた瞬間に、「これからの英語」に出会えます。
　さぁ、ちょっとだけ勇気を持って、新しい英語の扉を開けてみましょう！！

英語は「カンタンな方向」へと変化している

世界標準となった英語は、誰もが使えるカンタンな言葉に変化する

「英語が話せるようになりたい！」と願っているあなたに、グッドニュースです。

なぜなら、今は、英語がどんどんカンタンな方向へと、変化していっているからです。

「えっ！　英語がカンタンになっていっているなんてことがあるの？　そもそも、英語が変化するって、そんなことがあるの？」

そんな疑いの声が聞こえてきそうですね。

でも、「あります！」と、自信を持って、私は答えます。

ひとくちに「英語」といっても、「今の英語」と「昔の英語」は違います。そして、「未来の英語」は「現在の英語」とは、さらに違っていくはずなのです。

というのも、歴史をちょっと紐といてみると、18〜19世紀、英語は「イギリス語（英国語）」でした。これはもちろん「産業革命」でイギリスがどんどん経済発展し、世界中に植民地をつくり、世界

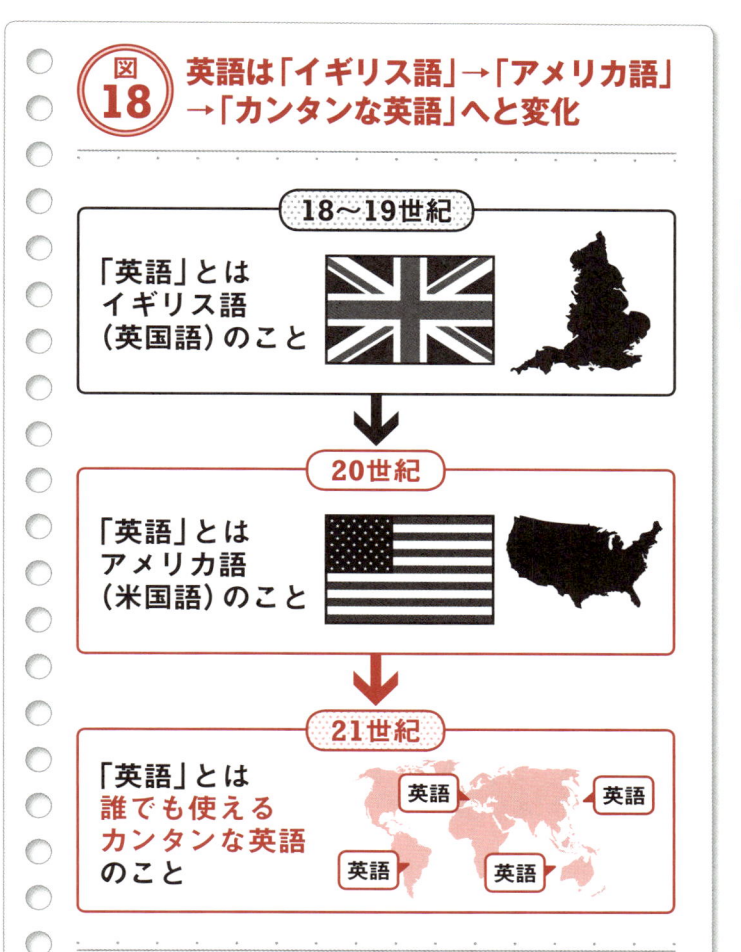

図18 英語は「イギリス語」→「アメリカ語」→「カンタンな英語」へと変化

18〜19世紀

「英語」とは
イギリス語
(英国語)のこと

20世紀

「英語」とは
アメリカ語
(米国語)のこと

21世紀

「英語」とは
誰でも使える
カンタンな英語
のこと

英語　英語
英語　英語

トップ国家として君臨していたことが理由です。

まさに、世界中が、「イギリスに追いつこう。イギリスをマネよう。イギリスからの情報を得よう」と後を追い、それがもとで「イギリス人のような英語をしゃべろう！」となっていたからです。

そして、時代が過ぎ20世紀になると、英語は「アメリカ語（米国語）」になりました。

20世紀は「英語」といえば、「アメリカ語」のことを指した

イギリスのときと同様に、アメリカの経済が発展したため、世界中が「アメリカに追いつこう。アメリカをマネよう。アメリカからの情報を得よう」となったわけです。

フルブライト（アメリカとの国際交換プログラム）やMBA（アメリカの経営学修士）など、ビジネススキルを学ぶにしても、とにかくアメリカ信仰、一辺倒でした。

これは、特に、私たち日本人は顕著でした。「アメリカ人のマネが世界一上手いのが日本人！」と、

定評があるくらいですからね（ザンネンながら）。

　ふと周りを見ると、有名なコンサルタントや著名人が言っている、もっともらしい内容は、アメリカ知識人のマネや受け売りばかりで、日本人から発信するアイディアなどはほとんどないような時代でした。

　つまり、「今までの文化人」は、いち早くアメリカの情報を得ている人だったのです。それでも、当時は、よかったのです。アメリカ人のようになれれば……。

　このように、20世紀は、18～19世紀のイギリスのとき以上に、「アメリカ人のようになろう、アメリカ人のような英語をしゃべろう」と、世界中の人がマネました。

　一生懸命「アメリカ語」、つまり、アメリカ人のような発音、アメリカ人の使う言い回しを覚えて、勉強してきました。

　こんなふうに、**歴史を振り返ってみると、その時代、その時代で、そもそも、「目指す英語の姿」が違っている**ものなのです。

「世界標準の英語」を道具として使いこなそう

19世紀～20世紀までの英語は、イギリスとアメリカのマネだった

　では、現在、私たちが生きている21世紀の英語はどんなカタチになっているのか、見てみましょう。

　まず、「これまでの19世紀におけるイギリス語（英国語）や、20世紀におけるアメリカ語（米国語）」とは、根本的に、それはもう天と地ほど違います！

　これまでの「英語」は、すでにお話ししたように、強い国の言葉をマネしよう、そして何とか、イギリス語とアメリカ語に追いつこうという、いわゆる**「ネイティブのマネをする受け身型の英語」**でした。

　それは、たとえば、イギリスやアメリカの音楽を追いかけたり、映画に憧れたりと、この両国からの英語でくる情報を、ひたすら受け身で得て、そして、マネして後追いする。

「あんな英語がしゃべれたら、カッコいいな！！」
「いつか、彼らが発しているような英語に近づきたい！！」

図19 英語はコミュニケーションの「道具」。通じればいい！

20世紀までの英語

Our English is the best.

マネ　マネ　マネ　マネ

ネイティブのマネをする受け身の英語

21世紀からの英語

誰	動詞	A	B
I	find	English	the tool of communication.
私は	わかる	英語は	コミュニケーションの道具だ

非ネイティブ

わかる！　ワカル！　ワカル！

通じるための「道具」としての英語

そんな姿勢ばかりだったのです。
　そして、いつしか「彼らの英語を、マネして話すこと自体が目的」になってしまっていました。

　これが、20世紀までの英語を私が「ネイティブのマネをする受け身型の英語」と名付けた理由です。

非ネイティブの人々が道具として使いこなせる世界標準の英語！

　一方、21世紀からの英語は、「受け身型」に対して、「通じるための道具としての英語」です。
　ガラッと状況が変わったのです。

　まず、最初に紹介したように、これだけ非ネイティブが増えると、イギリスやアメリカでさえ、全体の中での割合は少なく、「どれがスタンダードな英語か？」が、わからなくなりました。

　そこで登場したのが、どこの国のマネでもない「世界標準の英語（グローバル・イングリッシュ）」であり、この世界標準の英語を話すための方法こそが、本書で教える、英語を道具として使いこなすための「インド式英語学習法」なのです！

誰かのマネではないということは、自分たちが使える、あるいは自分たちが使いやすい英語を編み出さなければなりません。

　なおかつ、世界中の多くの人々に、通じる英語である必要があります。

「ビジネス」で英語を使って、違う国の人に自分のビジネスのアピールをしたり、交渉をしたり、コミュニケーションが取れるようになるのです。

　もちろん、海外旅行に行ったときでも、世界中の20億人の人々とコミュニケーションがとれるのですから、英語がしゃべれるのと、しゃべれないのとでは、楽しさが数倍違います！

　非ネイティブの人々が道具として使いこなせる、これからの時代の「世界標準の英語（グローバル・イングリッシュ）」。

　これこそが、歴史を経て、姿を変えた、世界中の人々が使う、「現在の英語の姿」といえるでしょう！

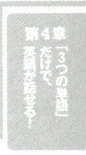

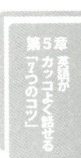

How to learn English with the Indian method

「世界標準の英語」が カンタンな4つの理由

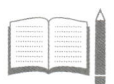

今までの英語よりも 10倍カンタンな「4つの理由」

「世界標準の英語（グローバル・イングリッシュ）」が、これまでの英語より、10倍ぐらいカンタンになっているのには、「4つの理由」が挙げられます。

【世界標準の英語（グローバル・イングリッシュ）】が10倍カンタンな4つの理由

【カンタンな理由その①】
「発音は気にしません」

【カンタンな理由その②】
「イディオム（慣用表現）は使わない」

【カンタンな理由その③】
「新しい単語を覚える必要なし」

【カンタンな理由その④】
「英語が得意でない人でも使える」

……このように、21世紀の「世界標準の英語（グローバル・イングリッシュ）」は英語の歴史上、い

ちばんカンタンなものに変化しているのです！

……こう言われて、私の言葉を信じていただけますでしょうか？

　もし、「でもやっぱり英語って難しいんじゃないの？」という疑念が消えないとしたら、それは恐らく、あなたの中で「英語」といえば、イギリス語やアメリカ語だった時代が、長かったからでしょう。

　でも、これからのグローバル・イングリッシュはまったく違います。今までの「英語」より10倍もカンタンになっているのです！

【カンタンな理由①】
発音は気にしません

📖 「文章のカタチ」でしゃべれれば、「発音」は気にしなくてOK！

「世界標準の英語（グローバル・イングリッシュ）」では、「発音」は気にしません。

そもそも「発音」を気にしていたのは、これまでイギリス人やアメリカ人などの、ネイティブのマネをしようとしていたからです。

ですが、今は、非ネイティブの方が、英語を話す人口が多くなってしまっている時代。

ですから、**「そもそも目指すべき発音」というものがありません。それよりも「相手に通じればいい」という目的の方が、大切になる**でしょう。

だったら、堂々とバリバリの「日本人的な英語（ジャパニーズ・イングリッシュ）」の発音で、しゃべりましょう。

ただし、発音を気にしないためには、1つ条件があります。それは「英語を文章のカタチで話す」ことです。

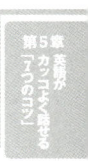

図20 世界標準の英語（グローバル・イングリッシュ）がカンタンな理由① 「発音は気にしない」

✕ 従来の学習法

「Rice! ライス」
ワカラナイデス…
マウス？？
ライス？？

単語だけだと正しい発音が求められる

◯ 世界標準の英語（グローバル・イングリッシュ）

「I have rice.（ご飯を食べます）」

ライスを食べるんデスネ！

「文章」で話せば、通じやすくなる

単語だけで

"**Rice!**"（ご飯！）

と言っても、発音が悪ければ伝わりません。特に日本人は「**L**」と「**R**」の発音が苦手ですので、

"**Lice!**"（シラミ！）

と、聞こえてしまう危険性もあります。

しかし
"**I have rice.**"（ご飯を食べます）

と「文章のカタチ」で言えば、前後の会話から「ご飯を食べたんだな」と内容の予想がつくわけです。

　たとえ、「発音」が「**lice**（シラミ）」に聞こえたとしても、まさか、「シラミを食べたんだな」とは思わないはずです。

……このように聞くと、あなたは、「え〜、英語の文章のカタチなんて作れないよ〜。結局、ムズカシイじゃん！」と思うかもしれません。

でも、心配ご無用。ものすごくカンタンに「英語の文章のカタチ」が作れる方法を、第4章でご紹介します。

「文章のカタチで話すこと」で、「発音」を気にしなくていいというのは、英語をしゃべる上で、ものすごく大きなハードルを、カンタンにクリアできる秘策なのです！

【カンタンな理由②】
イディオムは使わない

知っている人にしか通じない
イディオムは、なるべく使わない

　アメリカ人やイギリス人が会話の中で、よく使う、独特の「イディオム（慣用表現）」があるのですが、イディオムは使う必要はありません。

　なぜなら、相手が「非ネイティブ」で、そのイディオムを知らない場合、その言葉は通じないわけですから、かえって、イディオムを使うことで混乱してしまうのです。

　それよりも、「非ネイティブ同士で通じ合うような表現方法」が、いちばんカンタンで、混乱も生じないのです。

　たとえば、下記のように話したとしましょう。

Can you take part in the next meeting?
　　　　　イディオム
（次回の会議に参加できますか？）

　この英文には、「参加する（**take part in**）」というイディオムが、入っているのですが、このイディ

図21 世界標準の英語(グローバル・イングリッシュ)がカンタンな理由② 「イディオムは極力、使わない」

✗ 従来の学習法

Can you take part in the next meeting?
（イディオム）

take part inがわからない…

相手がイディオムを知らないと通じない

◎ 世界標準の英語(グローバル・イングリッシュ)

Can you come to the next meeting?
（シンプルな表現）
（次回の会議に参加できますか？）

comeならわかる！

シンプルな英語なら、全員に伝わる

オムを知っている人には伝わりますが、このイディオムを知らない人には、まったく伝わりません。

　だとしたら、ネイティブに話すにしろ、非ネイティブに話すにしろ、「英語は道具として通じればいい」のですから、知っている人にしか通じない「イディオム」などは、使わない方がいいのです。

イディオムをあえて使わずに、カンタンな言葉で話そう！

　つまり、この場合は…、
「参加する（**take part in**）」を使うのではなく →
「来る（**come**）」で表現して、

Can you come to the next meeting?
（次回の会議に来ることができますか？）

の方が、いいわけです。

　しかも、これなら、ネイティブでも、非ネイティブでも、誰にでも伝わります。さすがに、「**come**（来る）」は、誰でも知っていますよね。

むしろ、英語をしゃべる人口が、非ネイティブの方が多いこれからの時代、英語をしゃべるときには、**「イディオムを知っていても、あえて使わずに、カンタンな言葉で話す」**ことが、必要になってくるのです。

　これで、「慣用表現（イディオム）をたくさん覚えなければならない」というプレッシャーからは、解放されますね！

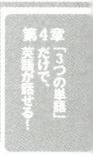

【カンタンな理由③】
新しい単語は覚えなくてOK

英語を話すには、「新しい単語」を覚える必要はない！

「単語（ボキャブラリー）も、新しく覚える必要なし」です。

「世界標準の英語（グローバル・イングリッシュ）」をしゃべるのには、中学で学んだ単語だけで十分です。

もし、あなたが「自分は英語がしゃべれない！」と思っている理由が、「単語力（ボキャブラリー）がないから」というのであれば、いっそ「単語」など、覚えなくてもいいです。

それよりも、**今あなたが持っている「単語力」を最大限に使うことができるようになれるのが、大事**なのです。

私の英語の研修でも99％の生徒さんが……、「単語力がなくて英語が話せない……」と言っています。

しかし、「英語がしゃべれない本当の問題」はそ

こにはありません。
「英語がしゃべれない本当の問題」は「英語に直訳してしゃべろう！」とする姿勢にあるのです。

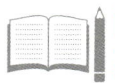

直訳しようとすればするほど、英語を話すのが難しくなる

「直訳しようとする」ということは、「自分の知っているカンタンな英語に置き換えない」ということですから、これは間違いなく、単語力が足りなくなるのです。

実は、この「直訳問題」こそが、本当の問題なのです。

この「直訳問題」。私はこんな経験をしたことがありました。

昔、私が商社マンだった頃の話…。

アメリカ人2〜3名と、私たち日本人2〜3名での会議の席、話し合いが難航していました。

やはりアメリカ人たちは自己主張が強く、決して

譲りません。そんな議論を数時間続けていると、英語が得意だった私に当時の上司が、

「おい、安田。その企画を進めたところで『四面楚歌(しめんそか)だろう』って、彼ら(アメリカ人)に言ってやれ！」

と言ってきたのです。
「『四面楚歌』って……」 私は唖然(あぜん)としました。

　そう！　私の上司は「四面楚歌」という言葉が英語にもあると思っていたのです。

　これこそが、まさに「直訳問題」。

　そんな難しい単語が、存在するのかどうか、当時の私にはわかりませんでしたし、このまま「直訳」しようとしたら、間違いなく、「四面楚歌の単語がわかりません」となってしまいます！

日本語→英語に、「一対一」で直訳しようとしてはいけない

　つまり、なんでも、「一対一」で、日本語から

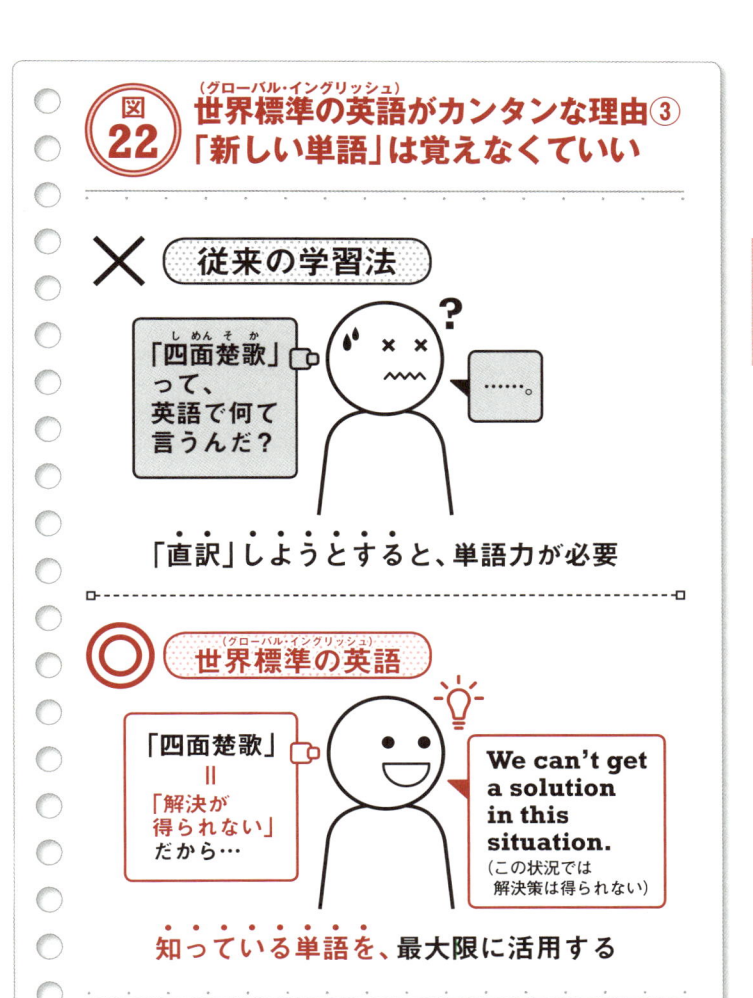

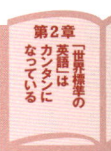

図22 世界標準の英語（グローバル・イングリッシュ）がカンタンな理由③「新しい単語」は覚えなくていい

✕ 従来の学習法

「四面楚歌（しめんそか）」って、英語で何て言うんだ？

……。

「直訳」しようとすると、単語力が必要

◎ 世界標準の英語（グローバル・イングリッシュ）

「四面楚歌」＝「解決が得られない」だから…

We can't get a solution in this situation.
（この状況では解決策は得られない）

知っている単語を、最大限に活用する

英語に「直訳」しようとするから、単語力不足になってしまうのです。

　また、日本語には、この「四面楚歌」のように英語にはない言葉や、言い回しがたくさんあります。

　なんといっても『四面楚歌』は、もともとが中国語ですから、英語でそんな「単語」があるはずがありません！

　ですから、「直訳」ではない形で、何とか意味を伝えられるような英語にしなければならないのです。

　ちなみに、私はそのとき「四面楚歌」を

We can't get a solution in this situation.
（この状況では解決策は得られない）

と言って、「直訳」ではなく、何とかその意味を伝える工夫をしました。

　このように、これからの「世界標準の英語（グローバル・イングリッシュ）」は、「直訳しない工夫」が必要なのです。

そして、**その工夫の結果、「直訳するための単語を、新たに覚える必要がなくなる」**のです！

　これで、もう、「単語力がなくて英語が話せない……」という問題とは、おさらばです！

【カンタンな理由④】
英語が得意じゃなくてもOK

語学の才能がなくても、グローバル・イングリッシュはしゃべれる

　これまで英語が話せる人というのは、「英語が得意な人（留学した人や仕事で使っている人）」、または、「英語に興味のある人（英語の歌に興味がある、洋画が好きな人など）」でした。

　あなたも、今までは、そんな人々を見ながら、**「どうせ、自分は英語が得意でないし、英語は難しいから、自分は一生、英語が話せないんだ…」**と、あきらめてしまっていたかもしれません。

　ですが、今は、状況が、変わったのです！

　つまり、「世界標準の英語（グローバル・イングリッシュ）」は、全然、英語に慣れていない人でも大丈夫なように、変化してきているのです。

　語学の才能がなくても、もちろんOK！

　たとえてみると、運動神経がなくても、普段運動していない人でもできるスポーツと、一緒になってきているのです。

図23 世界標準の英語(グローバル・イングリッシュ)がカンタンな理由④ 「英語が苦手な人」も使える

✗ 従来の学習法

ペラペラ〜

英語、得意なんすよ

> I recommend that country which is effective for us.

英語が得意な人が使える

○ 世界標準の英語(グローバル・イングリッシュ)

誰	動詞	A	B
I	consider	that country	best.
私は	思う	あの国が	ベストだ

英語、苦手なんだけど

Yeah!!

英語が苦手な人でも使える

世界中の誰もが使う言葉だからこそ、カンタンに!

　だって、英語は世界中の20億人の人々が話している言語なのですから、「世界中の誰もが使える言葉」でなくてはならないわけなのです!

　ですから、そのためにはカンタンでないと、そしてシンプルでないと、不得意な人ができるようになりません。

　これからの英語は、「世界標準の英語（グローバル・イングリッシュ）」だからこそ、ものすごく、カンタンなのです。

　だから、皆が、そしてあなたが話せるようになるのです。

　さぁ、「自分が英語を話せたら、どんなに楽しいか?」と思いを巡らせながら、ぜひ、英語を学ぶことを、決心してみてください!

　あなたが「自分は英語を話せるようになる!!」と決断した先には、「世界中の人々と楽しいコミュ

ニケーションがとれる」という、本当に、楽しい世界が、待っているのです！！

How to learn English with the Indian method

英語が話せれば、人生が10倍豊かになる！

英語が話せれば、全世界の70億人の中の、20億人とつながれる！

英語が話せるようになったら、何をしたいですか？

「まずは、海外旅行！　現地の人と直接話せるようになったら、海外旅行が何十倍も面白くなりそう！」

「留学がしたい！　英語が話せる、わかるという前提で、いろいろな文化を学んでみたい。海外の大学卒業も夢じゃない！」

こんな海外での夢、やりたいことがある一方で、「日本にいる外国人ともコミュニケーションがとれるようになりたい。同じ大学に留学生がいっぱいいるので、日本語だけでなく英語でしゃべってみたい。英語ができる友人が楽しそうに会話しているのを見て、カッコいい、と憧れてしまう！」

「外国のアーティストの来日コンサートに行っても、しゃべっていることがわからない！　歌詞とかがわかったら、盛り上がり度も、10倍ですよね！」

などという声も聞いたりします。日本国内であって

も英語が話せると、本当にメリットや楽しいことが、たくさんあるのです。

　私は今振り返って、本当に、心の底から英語が話せてよかった、これで人生が変わったと思います。

　英語が話せれば、全世界の人口が70億人だとして、そのうちの20億人とコミュニケーションがとれるのです！　日本語だけの世界よりも、何十倍、何百倍にも広がるのです。

　外国の人たちと交流していると、今まで知らなかったことを知ることができ、もっともっと、知りたいという思いが強まり、どんどん好奇心が高まります。

　また、本当に仲良くなって友達になると、やはり人間は文化を超えて「心がつながること」を実感できます。私が「安田正（やすだただし）」という人間を外国人に伝えることができるのは、英語が話せるおかげなのです。

　ぜひ、あなたにも、英語がしゃべれて「人生が何十倍にも豊かになる経験」をしてほしいと、心から願っています！

英語ができるかどうかで、3,000万円の差がつく!

相手がフランス人でも、コミュニケーションの基本は「英語」!

　現在、英語が話せる人とそうでない人の生涯賃金の差は…、「3,000万円！」ともいわれています。
　そして、今後、この差はどんどん広がっていくと思われます。

　確かに、ちょっとした海外とのメールや電話のやり取り、はては海外出張や海外赴任まで、外国人とコミュニーケーションが取れて、共に働けるということは、ビジネス上、圧倒的に有利です。

「グローバル化」が進む今後は、ますます有利になることでしょう。

　私も、かなりさまざまな場面で、英語を使うことが多くなってきました。
　たとえば、外国の資本が入っている私の会社のクライアントを、接待することがありました。相手はフランス人の経営幹部の方です。

　コミュニケーションの言語は、相手がフランス人といえど、もちろん「英語」で行います。

正直、「フランス語なまりの英語」ですので、私には少々聞き取りにくいこともありました。でも、私の英語も、ネイティブのような発音ではありません。彼らにとってはちょっと、戸惑うこともあったかもしれません。

　ところが、彼らは会食の最後に、**「安田さんの英語はわかりやすい！　シンプルだし、しかも面白い」**と言ってくれたのです。

「私たちがフランス人だから、ちゃんとわかるようにシンプルに話してくれているの？」と尋ねてきました。
　私は「いいえ、いつもこうなんですよ。でも、『わかりやすく』はいつも心掛けていますね」

　すると、そのフランス人は、「それはいい！　フランス人の英語を聞いていると私たちでさえ、わかりにくいんです……（笑）」
などと言っていました。

　このときも、ビジネス上でのグローバル・イングリッシュの必要性を、強く感じました。

「何のために英語を学ぶのか？」を明確にしよう

「英語ができる人は出世しない！」は本当か？

　ところが、英語学習上で気をつけなければならないのが、「英語だけしかできなくなってしまうこと」です。

　つまり、「英語を話すこと自体が目的」にならないように、気をつけなければなりません。

　ずいぶん前の話になりますが、30年以上前、私が商社で働いていたころ、社内では「英語ができる人は出世できない！」というのが、もっぱらのウワサでした。

　なぜなら、一説によると、英語学習をした結果、「英語が話せるようになる割合」は、たったの2％しかいないのです！
　実際、一般的な勉強方法だと「1000時間のリスニング学習が必要！」などと言われると、1日1時間の学習だとしても、約3年もかかってしまいます。

　…と、考えるとそんなことができるのは仕事が暇な人…、つまり「英語オタク」のように英語が好きで、

コツコツと何年も、英語ばかり勉強できてしまうような人は、仕事はできない人と見られていました。

　そのような理由から、「英語ができる人は出世できない」などと言われていたのです。

　でもこれは、現在でも、一緒です。「英語を話すこと自体が目的」になってしまい、それに向かって必死に勉強し、仕事の方がおろそかになってしまう、などというのは、本来、本末転倒です。

　あくまでも英語は、「道具」です、「手段」です。話すこと自体が目的ではなく、「英語を道具として、ビジネスをすることが目的」なのです。
　この「何のために英語を勉強するのか」という、「英語学習の出口戦略」が非常に曖昧なことが、大きな問題なのです！

　ちゃんと「○○○の仕事をするために、英語を学ぶ！」という姿勢で英語を学べば、ビジネスチャンスは、ドンドンやってくることでしょう。

　よりグローバルに、よりスケールの大きなことができて、仕事が面白くなってくるはずです！

第2章
「世界標準の英語」はカンタンになっている

まとめ

1 非ネイティブが85％を占める現在は、**英語がどんどんカンタンに変化**していっている

2 誰もがわかる**「世界標準の英語」を「道具」として使いこなせる**ことが、今後は大切

3 イディオム（慣用表現）は、逆に**使わないようにしてあげる**のが、世界標準の英語の考え方

4 今、あなたが持っている**「単語力」を「英文のカタチ」で表現**できれば、英語は通じる

5 英語が話せれば、**全世界70億人中の20億人の人々**と、コミュニケーションが可能となる

6 英語ができるかどうかで、**「生涯賃金に3,000万円の差」**ができる

第3章
「インド式英語学習法」こそ、最も効率のいい学習法

How to learn English with the Indian method

How to learn English with the Indian method

約20年間で10倍になった インドの英語人口!

今、「世界標準の英語」を使いこなしているのは、インド人!

　さて、ここまでのお話では「コミュニケーションの道具」として、シンプル、カンタンな英語を使うというのが、これからの「世界標準の英語（グローバル・イングリッシュ）」に必要な考え方……ということは、理解していただけたと思います。

　それでは、今、世界で「世界標準の英語（グローバル・イングリッシュ）」を使いこなしていると、私が、感じているのは……、
　ズバリ!　インド人です。

　実は、**インド人の「英語人口」は2020年になるころには、世界で一番多くなると予測されています。**

　……ということは、必然的に、「インド人と英語を話す機会」が増えていくということですし、世界の中でも「インド式英語の人口」も増えていくということです。

　そもそも、なぜ、これほど多くのインド人が英語を話せるようになったのか?　不思議ですね。

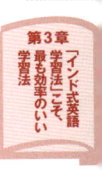

図24 インドでは英語人口が爆発的に増えている

- 英語が話せると給料がアップするんだ
- 2020年には、英語人口世界一か
- 2000年代で、グーンとアップ！

1990年: 3%
現在: 30%

How to learn English with the Indian method

もちろん、かつて、「イギリスの植民地であった」、そんな歴史的な理由もあります。

　でも、実は、「植民地時代（1858〜1947年）」よりも、グ〜ンと、一気に英語人口が増えたのが、2000年以降なのです！

「インドでの英語学習の方法」は、世界標準の英語にピッタリだった

「なぜ、これほど多くのインド人が英語を話せるのか？」その秘密を探るヒントになりますので、ちょっとだけインド人の英語の歴史におつき合いください。

【1947年】
インドはイギリスから独立します。英語は「ごく一部のエリートの言葉」として浸透していました。

↓↓↓↓↓↓
【1960年代】
多民族、複雑な文化背景により、「三言語方式（①地域［州］の言葉、②ヒンディー語、③英語、の三つを学ぶ教育政策）」を取ることとなります。
↓↓↓↓↓↓

【1990年代】
英語が理解できる人の割合…3％

↓↓↓↓↓↓
【2000年代】
英語が理解できる人の割合…30％
（参考資料：「India Today1997年調査」…『世界の英語を歩く』[本名信行 著／集英社新書]）

　ざっと、このような感じです。
　偶然にも、グローバル・イングリッシュに移行していく、21世紀になった時代に、一気にインドでの英語人口が増えています。

　その数、何と10倍！！！！

　なぜ、これほど多くのインド人が英語を話せるようになったのか？

　それは、「**インドでの英語学習の方法**」が、まさに「**世界標準の英語（グローバル・イングリッシュ）**」**の考え方に、ドンピシャリだった**ので、多くのインド人が英語を話せるようになり、英語人口がここまで爆発的に増えたと、私は思っています！！

How to learn English with the Indian method

「インド式英語学習法」の3つの特徴

「インド式英語学習法」が広まった、3つの特徴

　2000年以降広まった、「インド式英語学習法」の特徴をまとめてみると、下記のようになります。

【インド式英語学習法・特徴その①】
「発音は気にしない」

→「アメリカ人の発音がなんだ。ブリティッシュアクセントがどうした。そんなの気にせず、インド人の誇りをもって、堂々としゃべろう！」
（……と、インド人は思っているかのように、私には見えます）

　実際、インド人の英語の発音は、ものスゴイのです！　インド人のクセである、特有の「巻き舌」が、ものすごく激しい！
「**tomorrow**（トゥモロー）」が「トマロー」に聞こえる、いや、下手すると「トマト」に聞こえる！

　でも、インド人は、そんなこと、全然、気にしない。その発音のままで、ちっとも恥ずかしくなく、堂〜々としゃべっています！

図25 「インド式英語学習法」が成功した「3つ」の理由

理由1：発音は気にしない

トマト / ? / tomorrow（トゥモロー）のこと？

理由2：しゃべりやすいように工夫する

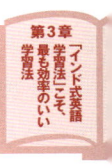

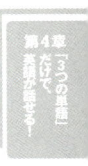

1（ワン） 4（フォー） / !! 14日のことだ！

理由3：道具として割り切る

smartphone / computer / software / IT系の英単語に強い

とにかく発音よりも、英語を使うことが大事。そんなふうに、彼らは考えているようです。

【インド式英語学習法・特徴その②】
「『インド式英語』で通じるための工夫をする」

→短期間で、効率よく通じる英語を習得するためには、イギリス語、アメリカ語のマネは止める。
　そして、インド人がしゃべりやすい、しかも「世界で通じる英語」を彼らは模索し、そして、発見したのです！

　そのためには、まず、「自分たちがつまずかない英語」と「自分たちがつまずく英語」とを選別したようです。そして、「インド人が習得するのが難しい部分」はバッサリ諦めて、やらない。
　そして、それを補う工夫をし、「インド人が習得しやすい部分だけで話せる英語」を発見したのです！

　たとえば、インド人との会話でのこと。
　彼は、私に「ミーティングの日程」を伝えようとして、「14日（フォーティーン）」と、繰り返し言っていたようですが、あまりの巻き舌発音がすさまじ

く、「フルテン」と聞こえてしまい、私がわからないでいると、やがて、「1（ワン）、4（フォー）」と、指で示しながら説明してきました。これで、相手には、十分、伝わります。

　そして、私はとうとう理解できたのです。

　こんな風に、「自分たちが苦手な発音」があるとわかったら、すぐに、ちゃんと伝えるべく「別の工夫」をします。
　こんな「インド式英語学習法」の特徴が、会話のいろいろなところで見られました。

　私はインド人と会話しながら「すごい！　こんなところでも、相手に伝わるように、独自に工夫している！」と感激したものです。

【インド式英語学習法・特徴その③】
「英語は道具なので、使わない単語は覚えない」

→自分たちにとって使い勝手のよい「インド式英語」にし、これを道具として使いこなし、世界発信する。

　今さら言うまでもなく、現在のインドは、「世界

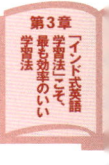

のIT業界」を牽引している国です。

　確かに、インド人との会話で感じるのは、彼らは「IT系の英語」が圧倒的に多いのです。「IT系の英語」がポンポン出てきます。

　そうして、「IT産業」で、インド経済を発展させてきました。

　これは、実に賢いやり方であったと思います。
　つまり「英語は道具」として割り切ることができ、「普段、使わないムダな新しい単語」などは、いっさい、増やしたりしません。

　ですから、このような効率のよい「インド式英語」になりえたのだと思います。

「インド式英語学習法」＝「世界標準の英語」！

　さて、それでは、「世界標準の英語（グローバル・イングリッシュ）」と「インド式英語学習法」の特徴を、よく、見くらべてみてください。

【世界標準の英語（グローバル・イングリッシュ）】の４つの特徴
① 「発音は気にしません」
② 「イディオムは使わない」
③ 「新しい単語を覚える必要なし」
④ 「英語が得意でない人でも使える」

【インド式英語学習法】の３つの特徴
① 「発音は気にしない」
② 「『インド式英語』を使うための工夫をする」
③ 「英語は道具なので、使わない単語は覚えない」

……、ほぼ一緒なのです！！

　つまり、「インド式英語学習法」＝「世界標準の英語（グローバル・イングリッシュ）」であり、「これから世界で使われる英語の考え方＆学び方」を、まさに体現したのが、「インド式英語学習法」なのです！

今までの学習方法は、日本人に合っていなかった

インドでこれほどまで急速に英語が広まったワケ

さて、以上のようにして、「インド式英語学習法」を多くのインド人が使うことで、急速な海外展開や外資のインド展開が起こりました。

そして、2000年以降、「IT産業」を中心に、インドの経済は著しい発展を遂げたのです。
現在では、情報発信により、世界に「インドの存在感」を示しています。

さて、この英語使用者が、「3％→30％」へと、10倍に急増した背景は、やはり「経済発展」です。
つまり、インド国内では…、
「英語が話せると給料アップ」→「就職の確率アップ」→「売上アップ」という図式なのです！

ですから、「英語を話せるようになりたい！」→「相手に通じればいいのだから、インド式英語でいい」→「いや、むしろ、インド式英語の方が、非ネイティブと話す場合には都合がいい！」→「そうして、英語が通じれば、それで十分、売上アップだ！」。

そんな、インドの人たちの英語に対する「気構え」が読み取れます。

「間違えたら恥ずかしい」という気持ちは、捨ててしまおう！

ですから、私がこれまで会ってきたインド人たちは…、

「ああ、英語の文法を間違えちゃったら、恥ずかしいな、どうしよう……」
「自信ないなぁ、私の英語……」
「私の発音、大丈夫かなぁ……」
「英語を話すと、頭が真っ白だよ……」

……という態度をしている人は、だ〜〜〜〜れもいません！！！！ まったくの皆無です！！！！

「発音の間違い」だけでなく、「文法」も「単語」も、かなりヒドイ英語を話していますが、**「相手に通じさえすればいい」という感覚があるので、まったく、気にしません！** とにかく熱心に話しかけてきます。

商売をしたくて話しかけてくるインド人もいますし、

珍しい日本人に興味津々のインド人もいます。議論好きのインド人もいます。

とにかく、インド人は皆コミュニケーションが大好き。
「自分の英語の出来、不出来」には、まったく興味がないようです。

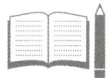

「今までの学習方法」が、日本人に合っていなかっただけ！

これがまさに、「ネイティブのマネをする受け身型の英語」→「通じるための道具としての英語」という意識の転換、そのものなのです。

だからこそ、「インド式英語」は広まったのです。そして、「世界標準の英語（グローバル・イングリッシュ）」を身につけるためにピッタリの英語学習法になったのです。

私が「インド式英語を目指せ！」といっている理由はここにあります。

グローバル・イングリッシュは「インド式英語」

のように、やったもん勝ち。使って通じた者が勝ちなのです。

　だったら、日本でも、「日本人が使いやすい英語」で、かつ、「世界に通じる英語」を作ろう！

「インド式英語学習法」の特徴である、
① **「発音は気にしない」**
② **「『インド式英語』を使うための工夫をする」**
③ **「英語は道具なので、使わない単語は覚えない」**

を取り入れて、日本人に学びやすいカタチで、提供しよう！
　それが、これから、本書でお教えする、日本人のための「インド式英語学習法」なのです！

　あなたが今まで、英語が話せなかったのは、あなたのせいではありません！

「今までの学習方法が、日本人に合っていなかっただけ」なのです！！！

　今までの「学習方法」さえ変えれば、あなたも、必ず、英語が話せるようになるのです！！

第3章 「インド式英語学習法」こそ、最も効率のいい学習法 **まとめ**

1 「世界標準の英語」にピッタリだった **インドの英語人口は、約20年間で10倍になっている**

2 「インド式英語学習法」では、英語は道具として割り切るので**「発音」は気にしない**

3 「インド式英語学習法」では、英語が相手に通じるために、**いろいろな工夫をしている**

4 「インド式英語学習法」では、自分があまり使わない**新規の「単語」などは、一切、覚えない**

5 「間違えたら恥ずかしい」という気持ちは、もう、この際、**捨ててしまおう！**

6 あなたが英語が話せなかったのは、今までの学習方法が、**日本人に合っていなかっただけ！**

第4章

「3つの単語」だけで、英語が話せる！

3つの単語でOK！

① sound
② find
③ give

How to learn English with the Indian method

日本人のつまずきポイント①
「単語だけで話そうとする」

　私が日本人のための「日本人が使いやすい世界標準の英語（グローバル・イングリッシュ）」を作ろうとしたとき、まずは、インド人がそうしたように、私たち「日本人が話す英語」を分析しました。

　つまり、私たちが英語を話す際に、**「日本人がつまずきやすいポイント」**と**「日本人が得意なポイント」を調べた**のです。
　こうすることで、私たち日本人にとって、「より学びやすい英語」が発見できるからです。

　いろいろ分析してみた結果、「日本人みんなに共通するつまずきやすいポイント（日本人の弱点）」が、はっきりとわかったのです！

　たとえば、よく英会話では、このような質問が出てきます。

先生：
How did you spend last weekend, Mr. Sato?

図26 日本人がつまずく2つのポイント

✗ つまずきポイント1　単語だけで話そうとする

How did you spend last weekend?
（先週末はどう過ごしましたか？）

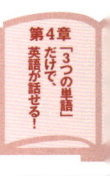

Tennis!
（テニス！）

✗ つまずきポイント2　「Be動詞」と「have」ばかり使う

My job is ○○.
Be動詞
is、am、are

That way has problems.
have、has
（〜を持つ）

（先週末はどう過ごしましたか、佐藤さん？）

佐藤さん：**Tennis!**（テニス！）

先生：
Oh! tennis. How about you, Mr. Suzuki?
（ほう、テニスですか！ 鈴木さんはいかがですか？）

鈴木さん：**Movie!**（映画！）

先生：
Oh! movie. How about you, Mr. Tanaka?
（ほう、映画ですか！ 田中さんはいかがですか？）

田中さん：**TV!**（テレビ！） 以下、続く……。

と、いう感じです。

　一見すると、会話は成り立っている……かのようです。
　しかし、ここに「日本人の弱点＆つまずきやすいポイント」があります。

　それは、「日本人は単語だけでしゃべってしまっ

ているケースがほとんど」だということです。

　ただ、「**Tennis!**（テニス！）」のように、単語だけで話してしまうと、前後の文脈がないわけですから、「どこでも通じる発音」をしないと、意味を理解してもらえないのです。

　インド人は「インドなまり英語」、タイ人は「タイなまり英語」というように、さまざまな「お国のなまり」がまざって、グローバル・イングリッシュが使われている現在、「単語だけで相手に意味を通じさせる」というやり方では、うまくいきません！

日本人のつまずきポイント②「Be動詞」と「have」ばかり使う

　さて、「日本人のもう1つの弱点」。これは、英語の初心者はもちろんのこと、「TOEIC®テスト」で900点以上をとるぐらいのレベルの人であっても、非常〜によく、やってしまうケースなのです。
　ビジネス会話の中で…、

A：**What do you do at your company?**
（会社では、何をしてらっしゃるんですか？）

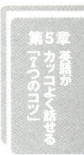

鈴木さん：**My job is** ○○. (私の仕事は○○です)
または、
田中さん：**Our company is** ○○.
(私たちの会社は○○です)

…のようなやりとりがあります。

　さて、この英語をよ〜く見てください。

　99％の日本人が、こう答えるであろう、この応答の仕方。実は、ここにも「日本人の弱点」が隠れています！

　ここで、使われている「動詞」に注目してみると、私たち、日本人が、とっさに答える英語は「**is**」ばかり……ということに気づくかと思います。

　そうなんです、日本人の英語は、実は、「**Be**動詞ばかり」なのです。

　それと、もう１つ。

「○○がある」と言いたいときには、次のような言い方も、非常〜によくします。

鈴木さん：**Our system <u>has</u> a control facility.**
（我が社のシステムには制御機能があります）

田中さん：**That way <u>has</u> problems.**
（その方法には問題があります）

　つまり「動詞の**have**（**has**）」ばかり……。

　そうなのです。私たち日本人が英語を話そうとすると、たいてい「**is／are／am**」などの「**Be**動詞」ばかりで話そうとするか、あるいは「動詞の**have**（**has**）（〜を持つ）」ばかりで話そうとしてしまうのです！

　なぜなら、「**Be**動詞」は日本語の単語の並び順と同じように使える動詞ですし、「動詞の**have**」は日本人が日本語を使うときの脳の感覚と、近い感覚で使える単語なので、私たちにとって、非常に使いやすいのです。

　日本語的な感覚で使えるなら、慣れているわけですから、「**Be**動詞」や「動詞の**have**」ばかり使ってしまうのは、当然ですよね。

すぐ口から出てくるという意味では、「強み」ともいえますが、逆の言い方をすると、「**Be**動詞」や「動詞の**have**」の文章のカタチに乗れない日本語を英語にしようとすると……。

「かなり大変！」→「最初の単語が出てこない」→「結局、英語が話せない」

……となってしまいます。
　そして、このケースのほうが圧倒的に多いのです。

「英語のテスト」で高得点の人でも、Be動詞とhaveばかり…

「英語のテスト」で高得点をとった人でも、「**Be**動詞」や「動詞の**have**」ばかり使ってしまうことは、よくあります。たとえば、以下の英文は「TOEIC®テスト900点以上の人たちの、英語での会話をメモしたもの」です。

　普通の日本人からしたら、「めちゃくちゃ英語ができる人！」と思われている彼らですら、「英語での会話」となると、このようなことになってしまいます……。

【日本人:佐藤さん】
Do you <u>have</u> any ideas about the country?

【日本人:中村さん】
Yes, I recommend Taiwan and Singapore.
Taxation and government assistance
<u>are</u> effective for us.
It <u>is</u> good. And labor skills <u>are</u> also high.

【日本人:山田さん】
Scotland <u>has</u> a good educational system.
Labor level <u>is</u> very good,
and comparing with other European
countries, labor cost <u>is</u> lower.
But, as you know, this country <u>is</u> the root
of the industrial revolution,
so it <u>has</u> good infrastructure.

……なんと、これだけの英語を、パッと話せる能力を持った彼らですら、「**Be**動詞」や「動詞の**have**」のオンパレードなのです。

　彼らほどの英語力があれば、数百個の「英語の動詞」を知っているはずなのに……。

「2つのつまずきポイント」を解決する手段とは？

もう一度まとめてみると、私たち日本人の弱点は

① 「単語だけで話そうとしてしまう」
② 「Be動詞やhaveに代表される、日本語と近い文のカタチで話してしまう」

ということなのです。

　上級者ともなると「①」はクリアできますが、「②」は乗り越えるのが非常に難しい。

　なにしろ「先ほどのような英語を、パッと話せる人たちの会話」ですら、そうなのですから……。

　つまり、この問題を解決するには、普通に暗記して、勉強しただけでは難しいということなのです。

　なぜなら、**「英語の文章のカタチ」というのは、私たち、日本人には、感覚的にまったく発想できない単語の並び順になっているから**なのです。

では、その問題を解決する手段を、これから、解説していきましょう！

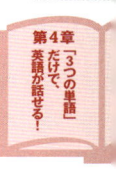

How to learn English with the Indian method

日本人のための「インド式英語学習法」

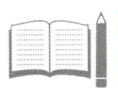

3つの単語でOK! ①sound ②find ③give

研究の末にたどりついた、日本人に最も効果的な学習法！

　さて、ここまでで私たち「日本人のつまずきやすいポイント＆弱点」はわかりました。
　あとは、その「日本人の弱点」を解決してくれるような「英語の学習法」を探さなければなりません。

　ここで、「インド式英語学習法」の特徴である、
①「発音は気にしない」
②「『インド式英語』を使うための工夫をする」
③「英語は道具なので、使わない単語は覚えない」

　これらを取り入れて、日本人に学びやすい「学習法」にしたものが…、

【日本人のための「インド式英語学習法」】
①「発音は気にしない」
②「単語」「文法」など、新しい暗記はしない
③「sound／find／give」の3つの動詞で英文のカタチを作れるようにする

　……とりあえず、これだけで、OKです！
　どうです？　カンタンでしょ！

そして、本書のなかでも、最も大きなポイントこそが、これから解説する、

③「**sound／find／give**」の３つの動詞で英文のカタチを作れるようにする

……という部分なのです。

これは、長年の研究の末にたどりついた、日本人に最も効果的な学習法であり、私が代表を務める会社である「パンネーションズ」の研修で、数十万人の生徒に対して、絶大なる効果を上げているメソッドなのです。

「**sound／find／give**」。

このたった３つの動詞の使い方をマスターすれば、「日本人がつまずきやすい英語の弱点」を乗り越え、そして英語がスラスラしゃべれるコツが、つかめるようになるのです！

「3つの動詞」で英語のカタチを理解する

3つの単語でOK! ❶sound ❷find ❸give

「動詞の種類」によって、英文のカタチは決まっている

「**sound／find／give**」。この、たった3つの動詞を使うだけで、英語がスラスラ口から出てくる、ってホント？　とあなたは思ったかもしれません。
　それはホントです！

　なぜかというと、それは、そもそも「英語は動詞が中心の言語」だからです。（※念のため「動詞」がわからない人はP136〜の解説を読んでください）

　英語の文章では「動詞が屋台骨であり、文のカタチを作るための骨格を決めるもの」なのです。
　そして「その動詞の種類」によって、「文のカタチ（単語の並び順）」が変わってくるというのが、日本語と英語の、一番大きな違いなのです。

　つまり、「その動詞の種類」によって、動詞の前にどんな単語を持ってくるのか、動詞の後にどんな単語を持ってくるのかが決まるのです。
　そのようにして、**「英語の文章のカタチ（単語の並び順）」というのは、「動詞の種類」によって、決められているもの**なのです。

別の言葉で言うと、「英語では動詞は文のカタチとセットになっている」ともいえます。

　この動詞にはこの英文のカタチ、この動詞にはこの英文のカタチ…と、それぞれに「動詞」によって、決まっているのです。

　それは、たとえてみると、「ドアとその鍵」のようなものです。

　それぞれのドアに、それぞれの鍵がセットであるように。鍵だけ持っていてもダメ。ドアだけあってもダメ。
　両方セットになって、はじめて、機能するものなのです。

「3つの動詞」がそれぞれに作る英文のカタチをマスターしよう!

　動詞が英文のカタチを決めるので、「動詞と英文のカタチをセット」として英文を作っていくというのは、日本語の単語を、一語一語、英語に訳して英文を作っていく方法とは、まったく異なる方法です。

「①伝えたい日本語がある」
→「②動詞を選ぶと英文のカタチが決まる」
→「③動詞の前後に単語を当てはめる」

　このプロセスを、何度も練習することで、瞬時に英文ができるようになるのです。この「日本語→英文への変換」を瞬時にできるように、私は「英文のカタチ」を、シンプルで理解しやすい、「３種類の動詞とセットの英文」にしぼりました。
　それが、図27にある、「**sound／find／give**」とセットの英文のカタチです。
　この、たった「３つの動詞とセットの英文のカタチ」を覚えるだけで、カンタンに英文を作ることができ、私たち日本人の弱点を乗り越えられるのです！

【日本人の弱点①】「単語だけで話してしまう」
→「文章のカタチ」で話せるようになる
【日本人の弱点②】「Be動詞と動詞のhaveばかり使ってしまう」
→日本語にはない英語独特の文のカタチ（語順）をカンタンにマスターして、英文が作れる！

……「え！　たった３種類の動詞だけで！」…と、信じられませんか？　では、いかにカンタンに英文

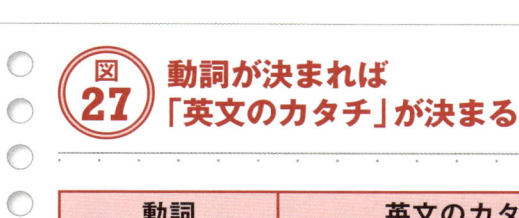

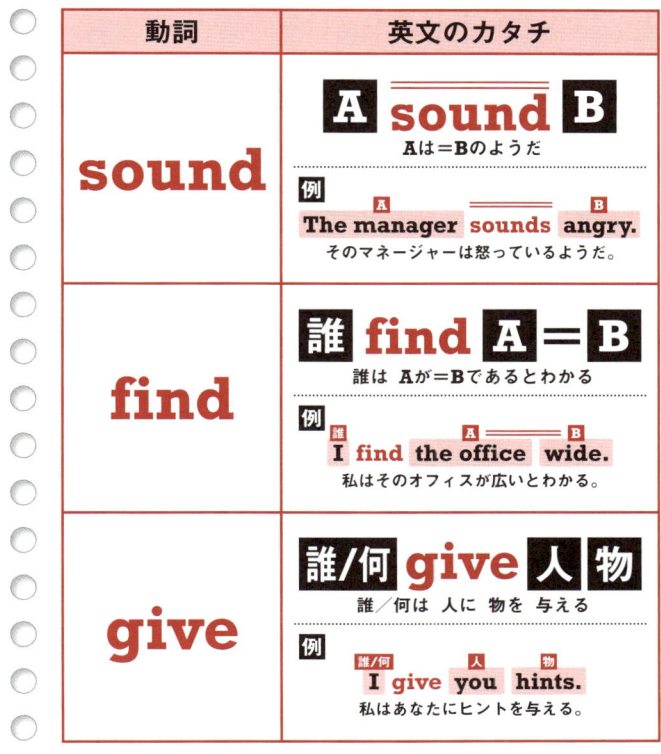

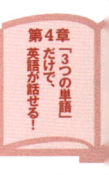

図27 動詞が決まれば「英文のカタチ」が決まる

動詞	英文のカタチ
sound	**A sound B** A＝Bのようだ 例 The manager(A) sounds angry(B). そのマネージャーは怒っているようだ。
find	**誰 find A＝B** 誰は Aが＝Bであるとわかる 例 I(誰) find the office(A) wide(B). 私はそのオフィスが広いとわかる。
give	**誰/何 give 人 物** 誰／何は 人に 物を 与える 例 I(誰/何) give you(人) hints(物). 私はあなたにヒントを与える。

How to learn English with the Indian method

が作れるか、実際に、英文を作ってみましょう！

また、念のため「動詞」…と言われて、意味がわからない人のために、「動詞」と「名詞」と「形容詞」をカンタンに解説しますと…。

※【動詞】【名詞】【形容詞】はこれだけ覚えればOK

【動詞】→動作を表す単語
「**go**（行く）」とか、「**walk**（歩く）」とかみたいな、動作や動きを表す単語のことです。

【名詞】→「ヒト」「モノ」「コト」などを表す単語
ヒトであれば「**he**（彼）」とか、モノであれば「**box**（箱）」とか、コトであれば「**situation**（シチュエーション）」とか、を表す単語のことです。
（※名詞は、図27の「誰」「何」「A」「B」「人」「物」に入る単語）

【形容詞】→「状態」を表す単語
「**pretty**（かわいい）」とか、「**beautiful**（美しい）」とか、モノゴトの状態を表す単語のことです。
（※形容詞は、図27の「B」に入る単語）
……これだけです。どうです？　カンタンでしょ？

図28 【動詞】【名詞】【形容詞】の区別は、たったこれだけを覚えればOK

動詞 → 「動作」を表す単語

- go（行く）
- walk（歩く）

名詞 → 「ヒト」「モノ」「コト」などを表す単語

- ヒト：he（彼）
- モノ：box（箱）
- コト：situation（シチュエーション）

「誰」「何」「A」「B」「人」「物」に入る単語

形容詞 → 「状態」を表す単語

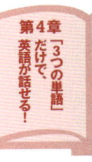

- pretty（かわいい）
- beautiful（美しい）

「B」に入る単語

「A sound B」をマスターしよう！

3つの単語でOK!
❶sound
❷find
❸give

「A sound B」のカタチは、「Aは ＝ B のようだ」の意味

さて、3つの動詞「**sound／find／give**」のなかから、最初に「**sound**」とセットの英文のカタチを覚えていきましょう！

右の図を見てもらった方がわかりやすいかと思いますが、「**sound**」とセットになる英文のカタチは

「**A＝B**」

というカタチになります。
（※「A」と「B」に入る単語はP136で復習しましょう）

英語で「**A sound B**」というカタチをつくると、日本語で「Aは ＝ B のように思われる／聞こえる」、つまり「Aは ＝ B ようだ」という意味になります。
右の例文だと、

The manager sounds angry.
　　　　A　　　＝　　　B
ですから、
「部長は＝怒っているようだ」という意味になります。

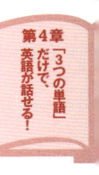

図29 「sound」とセットで使う英文のカタチは「A＝B」

A sound B

A は ＝ B のようだ

～そうだ
～みたいだ
～な感じだ
～っぽい

このセット！

The manager (A) **sounds** **angry.** (B)
部長は　　　ようだ　　怒っている

このように、「**sound**」が作る英文のカタチは、「**sound**」の前に「A」、「**sound**」の後には「B」を持ってきて「**A sound B**」という文のカタチをつくって、「Aは ＝ B のようだ」という意味になるのです。

「どうしてそうなるの？」と聞かれても、ここは、「そもそも英語はそう決まっているから」とあきらめて、覚えるしかありません。

　これは、日本語にしたって同じです。なんで日本語は、ひらがなの「あ」と、カタカナの「ア」の、２種類があるの？　と言われても、「そもそも日本語はそう決まっているから」としか、答えようがありません。なので、あきらめて覚えてくださいね。

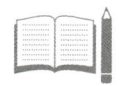

日本語から「英語の文章のカタチ」を作る手順

　では、「先に日本語を思いついてから、英語の文章のカタチにする方法」の手順を見ていきましょう！

　見ている状況は「何だか上司が厳しい口調でしゃべっている様子」です。
　その様子から部下たちは「なんだか、部長は怒っ

ているらしいよ」と、こっそり耳打ちしています。

　この日本語を「**sound**」を使って、英語の文章にしようと、あなたは思いました。

　このときのポイントは、「部長は怒っているらしいよ」という、この日本語の文章を、

「**Aは ＝ B のようだ**」というカタチに当てはめて、考えてみることなのです。すると…、

日本語：「部長は ＝ 怒っている ようだ」

　これは、すごくカンタンに、当てはめることができますね。
　次に、ここから急に、全部を英文にするのはムズカしいので、日本語の単語のまま、「**A sound B**」のカタチに当てはめて考えてみましょう。
　日本語と英語を組み合わせたカタチなので、これを「日英語（にちえいご）と呼ぶことにします。

日英語：「部長は sound 怒っている」
　　　　　　A　　　＝　　　B
　さぁ、これで、かなり英文に近づきました。もう

一息です。

　では、「A」と「B」それぞれの日本語を、英語に変えていきます。

　Aの「部長」は「**The manager**」になります。

　Bの「怒っている」は「**angry**」になります。
（※この場合「**sound**」は「**The manager**」が主語になると、正確には「**sounds**」と、「**s**」がつきますが、そのまま「**sound**」でも、十分に通じます）

　その英語を当てはめると、下記、

英語：The manager sounds angry.
　　　　　　　A　　　=　　　B
で、出来上がりです！

　どうです？　意外とカンタンじゃなかったですか？

　では、最初なので、今の手順を、わかりやすく「図」でまとめてみましょう！

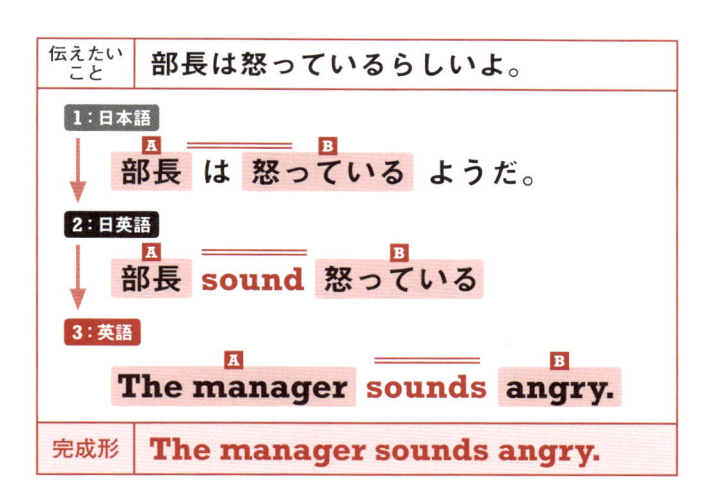

伝えたいこと	部長は怒っているらしいよ。
1：日本語	部長 **は** 怒っている ようだ。
2：日英語	部長 sound 怒っている
3：英語	The manager sounds angry.
完成形	**The manager sounds angry.**

　こんなふうに、ただ日本語を、「**A sound B**」という英文のカタチに、当てはめて考えるだけで、みなさんが今まで作れなかったような英語の文章ができてしまうのです！

　しかも、「**Be**動詞」や「動詞の**have**」ばかりしか使えない日本人の中で、こんな英語をしゃべることができたら、あなたは、みんなから「一目置かれる存在」になること、間違いナシなのです！

How to learn English with the Indian method

3つの単語でOK!
❶ sound
❷ find
❸ give

「sound」の英文のカタチを練習してみよう！

📖✏️ 日本語で言いたい表現を「英語のカタチ」に当てはめる練習

　さて、動詞「**sound**」が作る「**A sound B**」の英文のカタチのセットはとても便利で、

「Aは ＝ B のようだ」の他に、
「Aは ＝ B そうだ」
「Aは ＝ B みたいだ」
「Aは ＝ B な感じだ」
「Aは ＝ B っぽい」

なんていうニュアンスまで、全〜部、
「**A sound B**」
でカバーしてくれるのです、すごく便利でしょ〜！

　では、日本語で思いついたイイタイコトを、すぐに、「**A sound B**」に当てはめられるようになるまで、練習してみましょう！　慣れるには、とにかく、繰り返し、繰り返し、練習することなのです！

　赤ちゃんが泣いているのを聞いて、「赤ちゃんがお腹がすいているようだ」とわかった。そんな場面をイメージしてください。

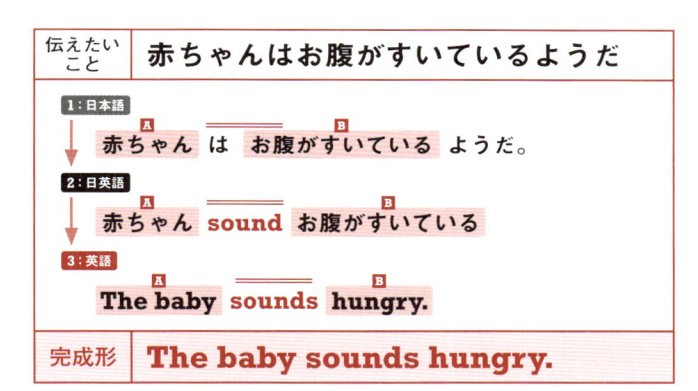

伝えたいこと	赤ちゃんはお腹がすいているようだ

1：日本語
　赤ちゃん <u>**A**</u> は　お腹がすいている <u>**B**</u> ようだ。

2：日英語
　赤ちゃん <u>**A**</u> sound　お腹がすいている <u>**B**</u>

3：英語
　The baby <u>**A**</u> sounds hungry <u>**B**</u>.

完成形	**The baby sounds hungry.**

また、目の前の男性が、いいアイデアを思いついて、「彼のアイデアはいいなぁ」と思った。そんな場面をイメージしてください。

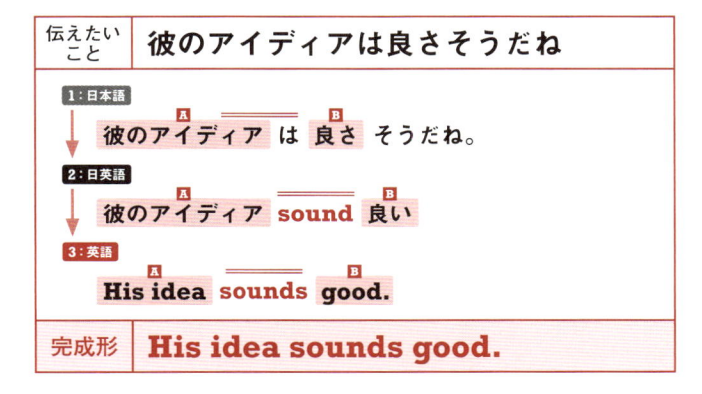

伝えたいこと	彼のアイディアは良さそうだね

1：日本語
　彼のアイディア <u>**A**</u> は　良さ <u>**B**</u> そうだね。

2：日英語
　彼のアイディア <u>**A**</u> sound　良い <u>**B**</u>

3：英語
　His idea <u>**A**</u> sounds good <u>**B**</u>.

完成形	**His idea sounds good.**

How to learn English with the Indian method

これは、よく使いそうな表現ですね！

今度は、ある話を聞いたときに「あの話は本当っぽいなぁ」と思った。そんな場面をイメージしてください。

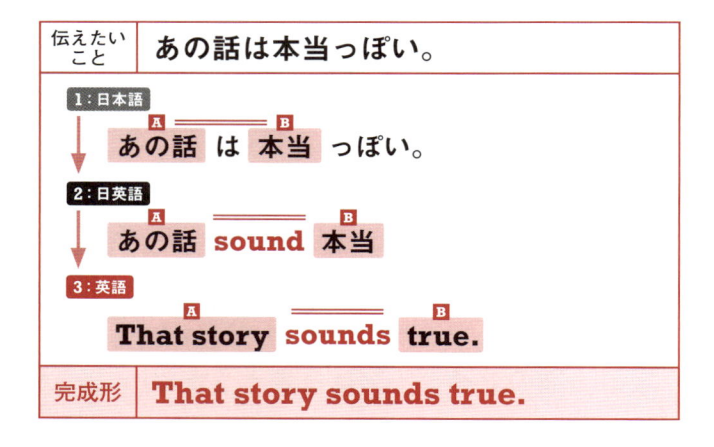

伝えたいこと	あの話は本当っぽい。

1：日本語
あの話 **A** は 本当 **B** っぽい。

2：日英語
あの話 **A** sound 本当 **B**

3：英語
That story **A** sounds true. **B**

完成形	That story sounds true.

これも、よく使いそうな表現ですよね。まだ、本当かどうかはわかりません。しかし、「私は本当だと思う」そんなときにこんなふうに言います。

今度は、ある女性と会話したときに「彼女はポジティブだなぁ」と思った。そんな場面をイメージしてください。

伝えたいこと	彼女はポジティブな感じだ。

1：日本語

彼女 は ポジティブ な感じだ。

2：日英語

彼女 sound ポジティブ

3：英語

She sounds positive.

完成形	**She sounds positive.**

　これは、まさに動詞「**sound**」のそもそもの意味の「響く」という意味で使っていて「ポジティブな響きがある」という意味になります。

　さて、いかがでしょうか？　日本語を聞いて「Aは＝Bのようだ」の文章のカタチに、自然に当てはめられるようになったら、「**A sound B**」の英文はすぐできるようになるのです！

How to learn English with the Indian method

| 3つの単語でOK! | ❶ sound ❷ find ❸ give |

「at」「with」だけで、「積み残し情報」はOK

「A sound B」に収まらない情報を、どう入れるか?

　さて、3つの動詞「**sound／find／give**」の2つ目、「**find**」の解説に行く前に、もう少しだけ、情報量の多い英語をしゃべるときに必要な知識を、お教えいたします。

　それは「積み残し情報」を英語にする方法です。

「積み残し情報」とは、「**A sound B**」の中に収まらない情報のことです。

　この「積み残し情報」を、英文のどこに、どのように配置したらいいかが、カンタンにわかる方法を、解説いたします。

「彼女はあの会社では有名らしいよ」

という日本語を、英文で言いたいとしましょう。
　では、これを「**A sound B**」を使って、英文を作ってみましょう。

日本語:「彼女は ＝ 有名 らしい」

……と、カタチに当てはめてみると気づくのですが、**「A sound B」**には収まりきらない「情報」が、今回は入っていますね。

そうです。「あの会社では」という部分です。

このように**「A sound B」**に収まらない事柄を「積み残し情報」といいます。

「英文は動詞がカタチを決定するルール」になっている言語です。

ですから、本来**「A sound B」**のカタチに当てはまった時点で、英語のルールとしては、すでに完結し、英語の文章としては成立しているわけです。

ですので、「英文は動詞がカタチを決定するルール」というルールの中に収まりきらない部分であり、積み残してしまった情報なので、それを、私は「積み残し情報」と呼んでいるわけです。

では、「積み残し情報」を、英文にする場合の方法を、お教えいたしましょう！

「積み残し情報」は「at」「with」の2つだけで大丈夫

「積み残し情報」がある場合は、基本的には、これを、文の最後に持ってきて、こんな並び順にします。

日本語：
「彼女は ＝ 有名 らしい」＋ あの会社では

これを、「**A sound B**」を使った英文で表すと、

英語：「She sounds famous ＋ あの会社では」
　　　　　A　　＝　　　B　　　　（積み残し情報）

と、「**A sound B**」の後につけます。

さて、この「積み残し情報」の「**あの会社では**」を英語に変えるときには、どうしましょうか？

「**あの会社**」は「**that company**」

という単語にするとして「**では**」の部分はどうすればいいかな、え〜と…と、迷ってしまいそうですね。

150

図30 「積み残し情報」は文の最後につける

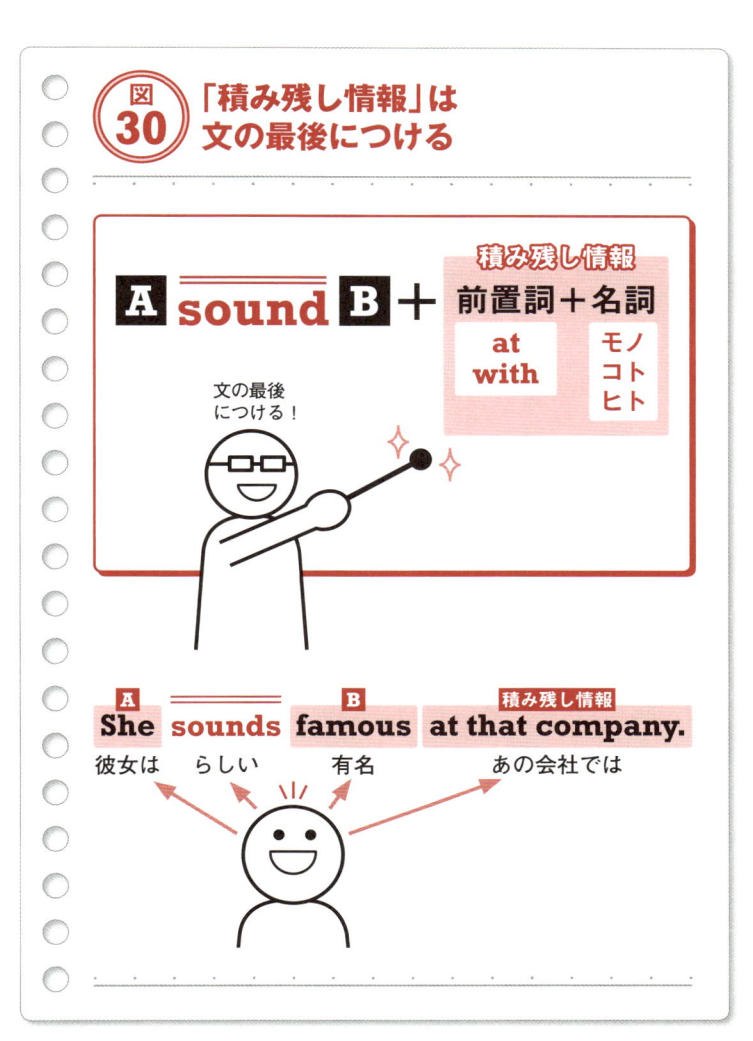

A sound **B** ＋ 積み残し情報　前置詞＋名詞

at / with　モノ・コト・ヒト

文の最後につける！

A She sounds **B** famous　積み残し情報 at that company.

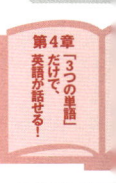

彼女は　らしい　有名　あの会社では

でも、ちょっと待ってください！
　そこで「**では**」を「直訳」しないようにしてください。

「積み残し情報」で迷ったときに、と〜〜〜ってもカンタンに英語にできてしまう方法がありますから、これを使ってみてください！　それは……、

「積み残し情報」は「前置詞＋名詞」で英語にする

というコツです。

「あ〜、『前置詞』って聞いただけでイヤになる！！」

……そうですよね。その気持ちわかります。

　中学生のときにやった「前置詞」といえば……

in　on　at　to　for　from　by　of　as　about　with　by

……など、違いがわかりにくい。
　あ〜、そんなことを考えているうちに、会話が止まって、頭真っ白……。

で、ここで、提案です！

前置詞は「at」か「with」だけで意味は通じる！

「え？　2つで、大丈夫ですか？」と思った方、大丈夫です！　意味はちゃんと通じますから！！

ですから、「積み残し情報」で迷ったときには、「**at**」か「**with**」って覚えておいてください！
　それから前にもやったとおり、「名詞」とは、「モノ」「コト」「ヒト」などを表す単語のことです。

では、最後の「積み残し情報」も英語に変えてみましょう。

She sounds famous　at　that company.
　A　　=　　　B　　+　↑　　　　↑
　　　　　　　　　　　　前置詞　　名詞
（彼女はあの会社では有名らしいよ）

これで、OK！　この「積み残し情報」が、文の最後に加えられるようになれば、いろいろな表現ができるようになるのです！

「誰 find A＝B」をマスターしよう！

3つの単語でOK!
❶ sound
❷ find
❸ give

「誰 find A＝B」のカタチは、「誰は Aが＝B だとわかる」

　さて、3つの動詞「**sound／find／give**」。次は、「**find**」とセットの英文のカタチを覚えましょう！

　右の図を見てもらった方が、わかりやすいかと思いますが、「**find**」とセットになる英文のカタチは、

「誰 find A＝B」というカタチ

になります。
（※「誰」「A」「B」に入る単語はP136で復習しよう！）

　英語で**「誰 find A＝B」**というカタチを作ると、日本語で「誰は Aが＝B であるとわかる」、つまり、「実際、経験してみて Aは＝B であるということがわかった」という意味になります。

　右の例文だと、
I　find　　the office　　wide.
誰　find　　A　　＝　　B
ですから、
「私は そのオフィスが＝広い とわかった」という

図31 「find」とセットで使う英文のカタチは「誰 find A＝B」

誰 find A ＝ B

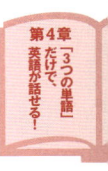

誰は Aが＝B であるとわかる

〜と気づく
〜と知る

このセット！

誰	動詞	A	B
I	find	the office	wide.
私は	わかる	そのオフィスは	広い

意味になります。
（※過去のことを示したかったら、「**find**」の過去形「**found**」を使ってもOK）

　実際に、日本語から英文にするときは「**find**」の前に、「誰」の部分である「**I／You／She／He／They**」などや「**Michael**（マイケル）などの誰かの名前」が入って、「**find**」の後には「A＝B」と続きます。

日本語：「誰は Aが＝B であるとわかる」
英語：「誰 find A＝B」

と、なります。

📖 日本語から「英語の文章のカタチ」を作る手順

　では、「先に日本語を思いついてから、英語の文章のカタチにする方法」の手順を見ていきましょう！

　見ている状況は「初めて訪問した、クライアントのオフィス。実際入って見てみるとそのオフィスは広いことがわかりました」…というものです。

この日本語を「**find**」を使って、英文のカタチにしてみましょう。このときのポイントも、自分の伝えたいことを

「誰は　Aが＝B　であるとわかる」

に当てはめることです。

　まず、「誰」が「わかる」のでしょうか？　そう、この文章の話し手は、当然、「私」ですよね。

日本語：「私は　Aが＝B　であるとわかる」

まで、できました。では次に「Aが＝Bである」の部分を完成させなければなりません。
　ここもわりとカンタンでしょう。

「Aが＝Bである」→「オフィスが＝広いとわかる」→「オフィスは広いとわかる」

となりますから、

日本語：「私は　オフィスが＝広い　とわかる」

と、なります。

　さて、いよいよ「日英語（にちえいご）」です。

「**find**」を使った
「**誰 find A＝B**」
のカタチに当てはめます。

日英語（にちえいご）：「**私 find オフィスが＝広い**」

　こんなふうになります。

　ここで「**A＝B**」のところにも「**sound**」が入るのかな？　と思ってしまいそうですが、この「**find**」を使うときには「**A＝B**」の間には何も入れません。

……そのように、「英語のルール」として、決まっているので、ここは、がまんして、覚えてくださいね。

　どうですか？　だんだん「英語の文のカタチ」が見えてきましたでしょうか？

　あとは、「**誰**」と「**A**」と「**B**」を、英語に置き換えるだけですね。

「私」はもちろん「**I**」。
「オフィス」もそのまま「**the office**」。
　そして「広い」は「**wide**」
としましょう。

　もし「**wide**」が思いつかなかったら「**big**（大きい）」でも、まったく構いませんよ。

「世界標準の英語（グローバル・イングリッシュ）」は通じること、シンプルなことが大事なのですから。
　すると…、

英語：**I　find　the office　wide.**
　　　誰　**find**　　　**A**　＝　**B**
（私は、そのオフィスが広いとわかった）

で完成です！

　では、最初なので、今の手順を、わかりやすく「図」でまとめてみましょう！

伝えたいこと	そのオフィスは広いことがわかった。
1：日本語	私(誰)は オフィス(A) は 広い(B) とわかる。
2：日英語	私(誰) find オフィス(A) ＝ 広い(B)
3：英語	I(誰) find the office(A) wide(B).
完成形	I find the office wide.

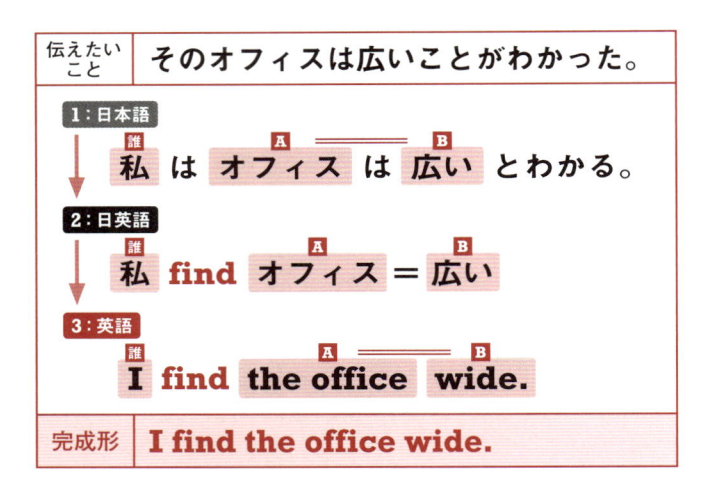

　さて、この「**誰 find A＝B**」を使った文章は、アメリカ人やイギリス人の「ネイティブ」でさえ、なかなか使わない、ちょっと高尚な響きのある文章なのです。

　実は、私の知り合いの、とある大企業の役員の方で、アメリカに11年赴任されていて、とても英語が上手な方が、私が下記のような英語を話したところ、

I find the office wide.
（私は、そのオフィスが広いとわかった）

「う〜〜〜ん、この英文はカッコいいね」と感心されていたほどの英文なのです。

つまり、「相当、英語が上手い人」でも、とっさには、なかなか作れない英文なのです。

しかし「インド式英語学習法」なら、カンタンにこの英文が作れてしまうのです！

ぜひ、あなたもこの**「誰 find A＝B」**のカタチで、どんどん英語をしゃべってみてくださいね。

では、マスターできるようにもう少し練習してみましょう。

How to learn English with the Indian method

3つの単語でOK!　❶sound ❷find ❸give

「find」の英文のカタチを練習してみよう！

📖 日本語で言いたい表現を「英語」に当てはめる練習

では、日本語で思いついたイイタイコトを、すぐに、**「誰 find A＝B」**に当てはめられるようになるまで、練習してみましょう！

なにごとも「慣れるまで、繰り返して練習」することが大切です。

たとえば、「すごい人だと噂には聞いていたけれど、実際会ってみると彼女は優秀だとわかった」そんな場面をイメージしてください。

では、これも「**find**」で言ってみましょう。

「誰がわかったのか？」と考えたら、また「私」ですね。

「Aが＝Bである」は「彼女が＝優秀である」ですので、右のような英文のカタチになります。

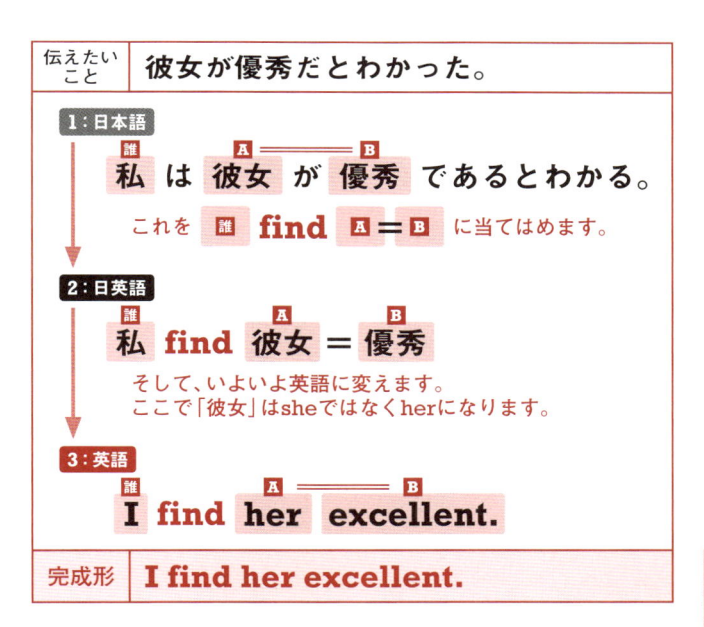

| 伝えたい こと | 彼女が優秀だとわかった。 |

1：日本語

私 は 彼女 が 優秀 であるとわかる。
　　　　　Ⓐ　　　　Ⓑ

これを 誰 **find** Ⓐ＝Ⓑ に当てはめます。

2：日英語

誰
私 **find** 彼女 ＝ 優秀
　　　　　Ⓐ　　　Ⓑ

そして、いよいよ英語に変えます。
ここで「彼女」はsheではなくherになります。

3：英語

誰
I find her excellent.
　　　　Ⓐ　　　Ⓑ

| 完成形 | **I find her excellent.** |

「誰 **find** Ⓐ＝Ⓑ」の英文のセットは、
「誰は Aが＝B であるとわかる」以外にも
「誰は Aが＝B であると気づく」
「誰は Aが＝B であると知る」

などの意味のときに使えます。

　これを、「普段の会話」のニュアンスに置き換えると…

「そうか、AがBなんだ〜」（と、私は気づいた）
「へぇ、AがBだったんだ……」（と、私は知った）

　こんなときにも
「誰 find A＝B」
の英文のカタチで表現できるのです。

　では、これも練習してみましょう

　たとえば、「そこは、美しい町だった」そんな場面をイメージしてください。

　ここでも「美しい」とわかったのは「私」なので、「誰」のところには「私」が入ります。
「**A＝B**」はカンタンですね。
「その町が＝美しい」を入れます。

　最初の日本語が「そこは……」から始まっているからと言って、「そこは……」の部分を、一生懸命「直訳」しようとしないでくださいね。

　とにかく、**「誰 find A＝B」**の英文のカタチに当てはめて、英文を作るのがポイントなのです。

伝えたいこと	そこは、美しい町だった。

1：日本語
　私 は そのT町A が 美しいB とわかった。

2：日英語
　私 find そのT町A ＝ 美しいB

3：英語
　I find the townA beautifulB.

完成形	I find the town beautiful.

　これは「私が行ってみて、そこは美しい町だとわかった」…そんなニュアンスの意味になりますね。

| 伝えたいこと | 彼は彼女がとても親切だとわかった。 |

1：日本語

誰　　　　　A　　　　　B
彼 は 彼女 が とても親切 とわかった。

2：日英語

誰　　　　　　A　　　　B
彼 find 彼女 ＝ とても親切

「彼女」は「her」になります。それから「彼：He」が主語になるので find → finds になります。

3：英語

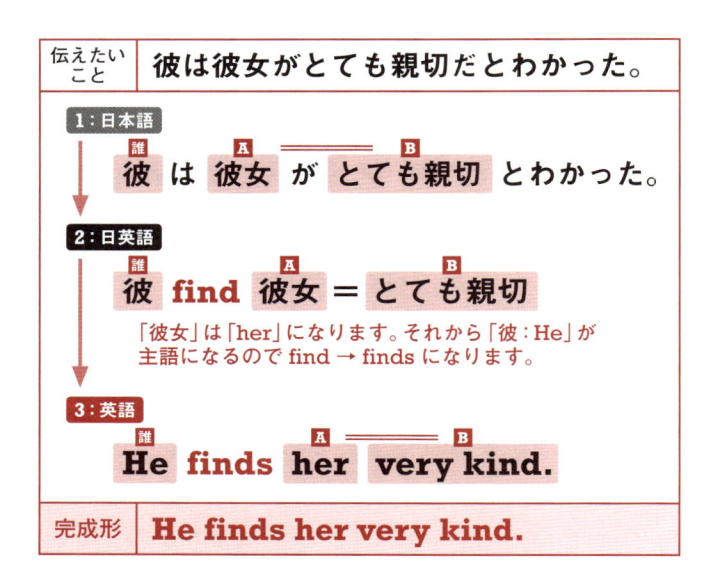

誰　　　　　A　　　　B
He finds her very kind.

| 完成形 | He finds her very kind. |

　この内容も「実際に彼が彼女に会ってみると、彼女はとても親切だとわかった」という意味になります。

　実際に「〜してみて（体験をしてみて）」というニュアンスが含まれているところがポイントです。

　こういう経験は、多くの人がするので、**「誰 find A＝B」**の英文のカタチが使えると、こういった表現が可能になるわけですね！

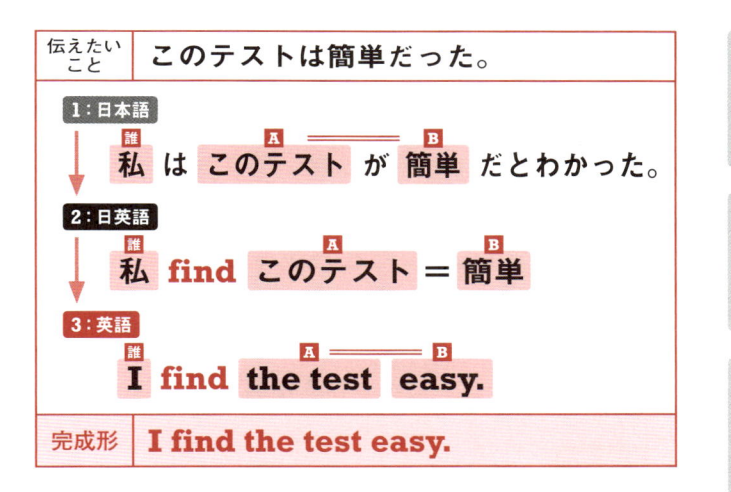

伝えたいこと	このテストは簡単だった。
1：日本語	私（誰）は このテスト(A) が 簡単(B) だとわかった。
2：日英語	私(誰) find このテスト(A) ＝ 簡単(B)
3：英語	I(誰) find the test(A) easy.(B)
完成形	I find the test easy.

　これも、実際に「〜してみて（体験をしてみて）」というニュアンスが含まれて、テストを受けてみたら「なーんだ、このテスト意外と簡単じゃん」そんなふうに感じた……。

　そういうときに、「**誰 find A＝B**」の英文のカタチを使います。

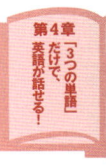

伝えたいこと	彼のスピーチで私たちは新しいマネージャーがフレンドリーな人だとわかった。

1：日本語

誰：私たち は　Ａ：新しいマネージャー が　Ｂ：フレンドリー だとわかった。

ここまで当てはめてみると「彼のスピーチで」が収まりきらないのがわかります。
これは「積み残し情報」でしたね。

● 彼のスピーチ → at ／ with ＋ 彼のスピーチ
　　　　　　　　　前置詞　　　　名詞

2：日英語

誰：私たち find Ａ：新しいマネージャー Ｂ：フレンドリーな　積み残し情報：そのスピーチで

3：英語

誰：We find Ａ：our new manager Ｂ：friendly　積み残し情報：with his speech.

完成形	We find our new manager friendly with his speech.

　これは、P148のところでならった「積み残し情報」が発生したときの、練習になります。

「積み残し情報」は「前置詞＋名詞」で英語にする

でしたね。そして、

前置詞は「at」か「with」だけで意味は通じる！

ですから、今回は「**with**」を使ってみました。

このように、「積み残し情報」が加えられるようになるだけで、一気に、いろいろな表現ができるようになるので、英語の表現にも、レパートリーが増えていきますね！

How to learn English with the Indian method

| 3つの単語でOK! | ❶sound ❷find ❸give |

「誰／何 give 人 物」をマスターしよう!

「誰／何 give 人 物」は、「誰／何は 人に 物を 与える」

　さて、3つの動詞「**sound／find／give**」。最後は、「**give**」とセットの英文のカタチを覚えましょう！

　右の図を見てもらった方が、わかりやすいかと思いますが、「**give**」とセットになる英文のカタチは、

「誰／何 give 人 物」というカタチ

になります。
（※「誰／何」「人」「物」に入る単語はP136で復習しましょう）

　英語で**「誰／何 give 人 物」**というカタチを作ると、日本語で「誰／何は 人に 物を 与える」という意味になります。

　右の例文だと、
I　give　you　hints.
誰　give　　人　　物
ですから、

170

図32 「give」とセットで使う英文のカタチは「誰/何 give 人 物」

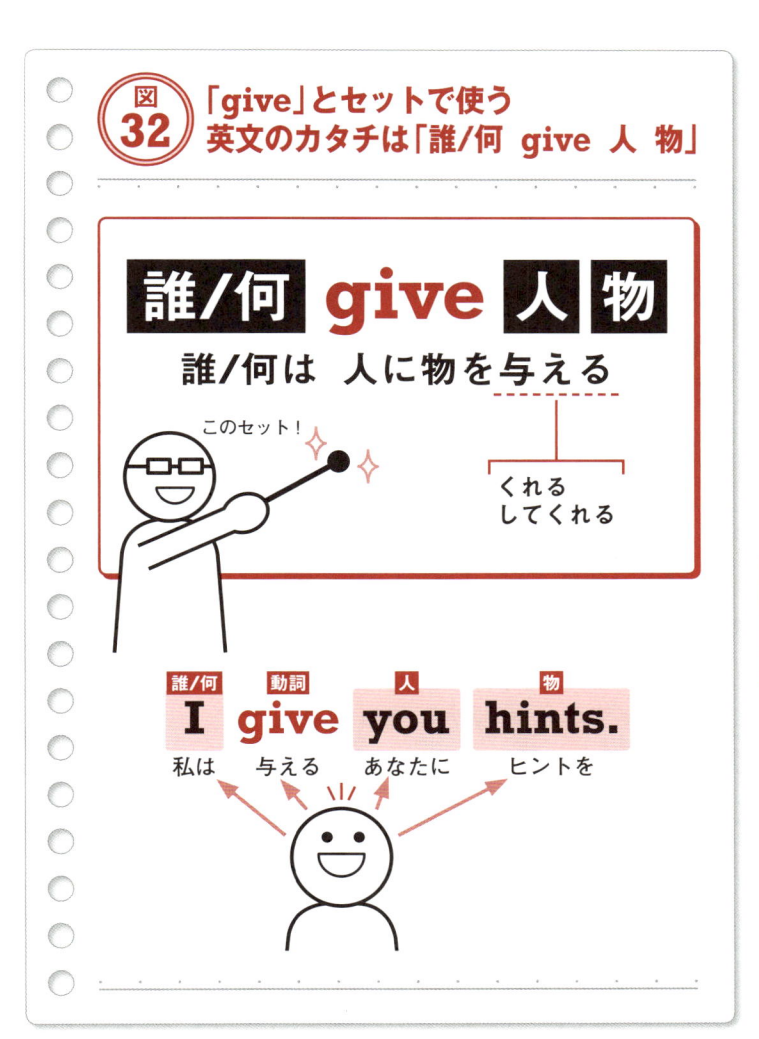

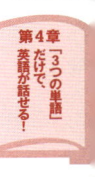

誰/何 give 人 物

誰/何は 人に物を与える
└─ くれる／してくれる

このセット！

誰/何	動詞	人	物
I	give	you	hints.
私は	与える	あなたに	ヒントを

「私は　あなたに　ヒントを　与える」という意味になります。

　実際に、日本語から英文にするときは「**give**」の前に「誰／何」が入って、「**give**」の後には「人」と「物」を順番に並べるカタチになります。

日本語：「誰／何は 人に 物を 与える」
英語：「誰／何 give 人 物」

と、なります。

日本語から「英語の文章のカタチ」を作る手順

　では、「先に日本語を思いついてから、英語の文章のカタチにする方法」の手順を見ていきましょう！

　相手が悩んでいるときに「ヒントを差し上げましょう」と言った…という状況です。

　「誰／何は 人に 物を 与える」に当てはめようとすると気づくと思うのですが、日本語では「誰／何」

に入る「私」、それから「人」が省略されてしまっています。
　日本語は「私」や「人」を省略しても、意味が通じてしまう言語なので、このあたりを、よく省略してしまうのです。

　ですから、「英文のカタチ」を考えるには、まず、「省略されてしまった部分を補足してあげること」が大切なのです。

　日本語の場合「ヒントを差し上げましょう」で、意味が通じるのですが、英語にする場合は

「(私は)(あなたに) ヒントを差し上げましょう」

というように、省略されている言葉を補わなければなりません。

　ここは要注意です！
　では、当てはめてみましょう。

日本語：「私は あなたに ヒントを 与える」

となりますね。そしてこれを「**give**」を使った文

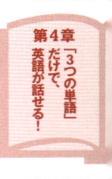

に入れてみると…、

日英語：「私 **give** あなた ヒント」

　ここまでできたら、あとはカンタン。英語に変えるだけですから。

「私」は「**I**」、「あなた」は「**you**」、「ヒント」は「**hints**」となりますので、下記、

英語：　**I　　give　you　hints.**
　　　　誰／何は　　　人に　物を　与える

となるわけです。

　では、最初なので、今の手順を、わかりやすく「図」でまとめてみましょう！

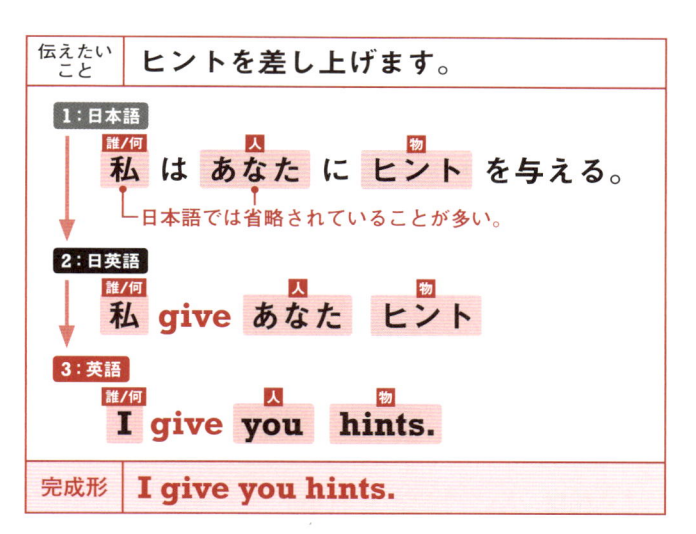

伝えたいこと	ヒントを差し上げます。

1：日本語

誰/何　　　人　　　　物
私 は あなた に ヒント を与える。
└ 日本語では省略されていることが多い。

2：日英語

誰/何　　　　人　　　物
私 give あなた ヒント

3：英語

誰/何　　　　人　　物
I give you hints.

完成形	I give you hints.

　さて、どうでしょう？　ほんの1時間前まで、あなたは、こんな英語をしゃべれていたでしょうか？

　でも、「インド式英語学習法」なら、カンタンに、このような英文が作れてしまうのです！

　ぜひ、あなたもこの**「誰／何 give 人 物」**のカタチで、どんどん英語をしゃべってみてくださいね。
　では、マスターできるよう、もう少し練習してみましょう！

How to learn English with the Indian method

| 3つの単語でOK! | ❶sound ❷find ❸give |

「give」の英文のカタチを練習してみよう!

📖✏️ 日本語で言いたい表現を「英語」に当てはめる練習

　では、日本語で思いついたイイタイコトを、すぐに、**「誰／何 give 人 物」**に当てはめられるようになるまで、練習してみましょう!

　また、**「give」**は、
「誰／何は 人に 物を 与える」
以外にも、

「誰／何は 人に 物を くれる」
「誰／何は 人に 物を してあげる」

という意味も表します。

　では、**「give」**についても、ここで、さらに練習してみましょう。

　たとえば、「彼はよいアイデアをくれた」そんな場面をイメージしてください。

　この日本語の文章も「私に」という「人」の部分が省略されています。それがわかればカンタンです。

伝えたいこと	彼はよいアイディアをくれた。

1：日本語

誰/何　　人　　　　物
彼 は 私 に よいアイディア をくれた。

2：日英語

誰/何　　　人　　　物
彼 give 私 よいアイディア

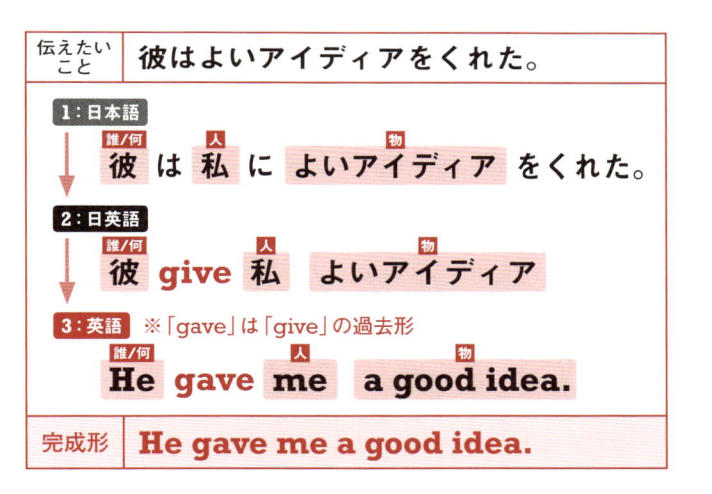

3：英語　※「gave」は「give」の過去形

誰/何　　　　人　　物
He gave me a good idea.

完成形	He gave me a good idea.

　もう、カンタンに「英文のカタチ」にすることができるようになりましたね！

　わずか、1時間で、ここまでこれるのが「インド式英語学習法」のすごいところなのです！

　では、次。

　たとえば、「グッドニュースがありますよ」と、相手に伝えたい場合をイメージしてください。

| 伝えたいこと | グッドニュースがありますよ。 |

1:日本語
誰/何 私 は 人 あなた に 物 グッドニュース をあげる。

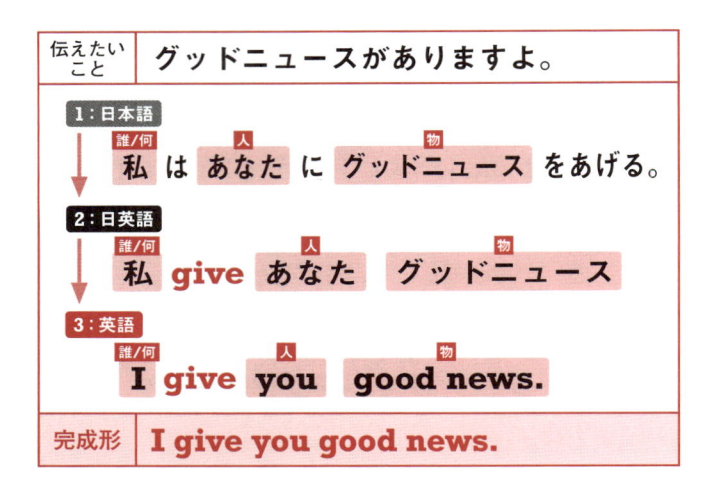

2:日英語
誰/何 私 give 人 あなた 物 グッドニュース

3:英語
誰/何 I give 人 you 物 good news.

| 完成形 | I give you good news. |

これも、もう、カンタンですね！

ここでは「誰」の部分と、「人」の部分の両方が省略されていますが、もう見つけ出すのはカンタンになってきたことと思います。

では、もう1つ。

たとえば、「その会議で部長がみんなにコメントをくれた」と相手に伝えたいとしましょう。

| 伝えたいこと | その会議で部長がみんなにコメントをくれた。 |

1：日本語

部長 が みんな に コメント をくれた。

ここでは「その会議で」が「積み残し情報」になります。
ですから、

1：日本語

部長 が みんな に コメント を与えた その会議で。

となり、これをgiveを使ったカタチに入れてみると…

2：日英語

部長 give みんな コメント その会議で

そのまま英語にします。
与えた＝giveの過去形のgaveにします。

3：英語

Our manager gave everyone comments at that meeting.

| 完成形 | **Our manager gave everyone comments at that meeting.** |

　ここまできたら、「積み残し情報」があっても、カンタンに対応できるようになりましたね！

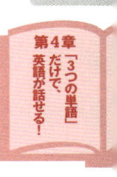

How to learn English with the Indian method

| 3つの単語でOK! | ❶sound ❷find ❸give |

「3つの動詞」を使えば、どんなことでもしゃべれる

📖 「3つの動詞と英文のカタチ」習得で、2つのすごいことが起こる！

　さて、ここまでで、3つの動詞「**sound／find／give**」で、サクサク「英文のカタチ」を作る方法を、紹介してきました。

　この「3つの動詞と英文のカタチ」をセットで使えるようになると、2つの「すごいこと」が起こります！

① 「**sound／find／give**」を使って、
　英文のカタチで、
　どんなことでもしゃべれるようになる

② 「**sound**」←→「**find**」←→「**give**」
　というように、他の動詞で「同じ内容」を
　言い換えることができるようになる

　そうなんです！　つまり、1つ目には、「何かイイタイコト」があったときには、あなたはこれから、「**sound／find／give**」の、どれかの動詞に、なんとか当てはめて、「英文のカタチ」が作れる基礎力が、すでについてしまったのです！

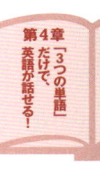

図33 「3つの動詞と英文のカタチ」でどんなことでも話せる！

あの話は本当っぽい

1 : sound

A		B
That story	sounds	true.
あの話は	ようだ	本当の

2 : find

誰	動詞	A	B
I	find	that story	true.
私は	思う	あの話が	本当だと

3 : give

誰/何	動詞	人	物
That story	gives	me	truth.
あの話は	与える	私に	本当のことを

今まで、「英文のカタチ」でひと言もしゃべれなかった人が、わずか１時間で、変わってしまったわけですから、「いかに『インド式英語学習法』が、理にかなっているか！」ということの証明なのです！

　そして、２つ目には、実は、あなたは、もうすでに、「**sound**」←→「**find**」←→「**give**」というように、他の動詞で「同じ内容」をしゃべれるようになってしまっているのです！

「sound」←→「find」←→「give」 他の動詞で同じ内容をしゃべる！

　では、ここで、「**sound**」←→「**find**」←→「**give**」の練習をしてみましょう！

　例として、P146でやった「あの話は本当っぽい」という日本語を、「**A sound B**」の英文のカタチで表したものがありましたよね。

That story sounds true.
　　　　A　　　　＝　　 B
でしたよね。

これを、「**find**」と「**give**」、つまり

「**誰 find A＝B**」と
「**誰／何 give 人 物**」

で、表してみましょう。

まずは、「**誰 find A＝B**」から。
「A＝B」の部分は、「**sound**」のときと同じで、「あの話＝本当だ」になります。
ですから、

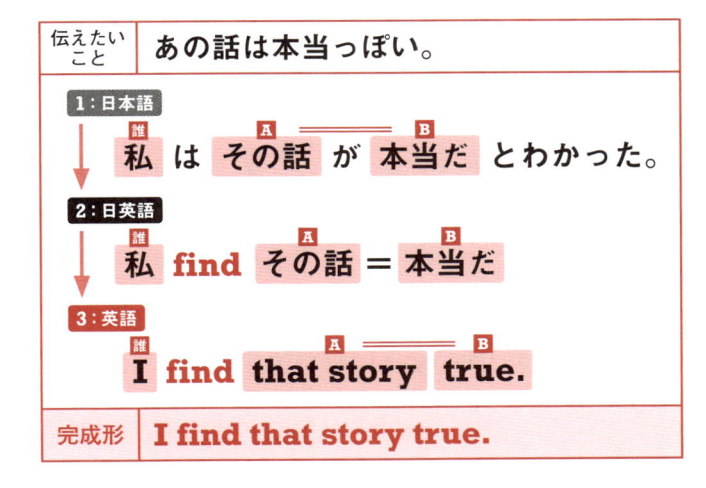

伝えたいこと	あの話は本当っぽい。
1：日本語	私[誰] は その話[A] が 本当だ[B] とわかった。
2：日英語	私[誰] find その話[A] ＝ 本当[B]
3：英語	I[誰] find that story[A] true[B].
完成形	I find that story true.

何だか、拍子抜けするくらいカンタンに、「**find**でイイカエ」することができましたね！

　次は、これも同じ内容を**「誰／何 give 人 物」**の英文のカタチに当てはめてみましょう。

　日本語で考えると、「誰／何が 人に 物を 与える」という意味になるのでしたよね。

「何が」の部分には「あの話」が入りそうです。
「人に」の部分には「私に」が入りますね。

　さて、「あの話」が「私に」、どんな「物を（←ここに何を入れるか？）」「与えた」のでしょうか？

　あと残っているのは「本当だ」です。
「誰／何 **give** 人 物」の「物」の部分には、「名詞」が入りますから、形容詞の「本当だ（**true**）」を→名詞の「本当のこと（**truth**）」としましょう。

　そうすると、次のようになりますね！

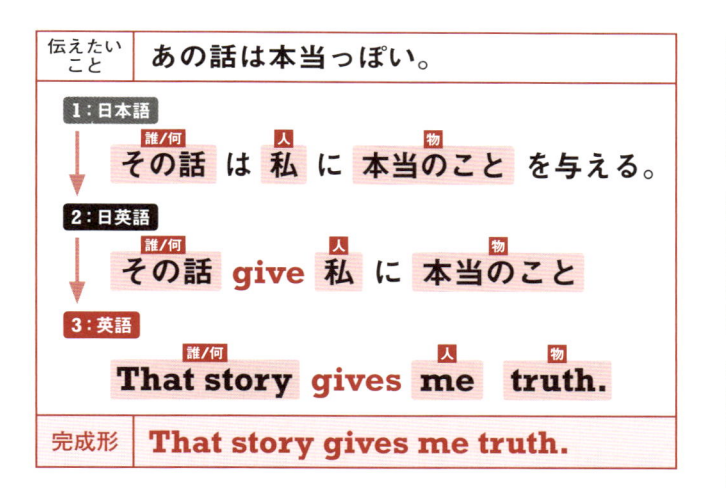

| 伝えたいこと | あの話は本当っぽい。 |

1：日本語

その話 は 私 に 本当のこと を 与える。
（誰/何）　（人）　（物）

2：日英語

その話 give 私 に 本当のこと
（誰/何）　　　（人）　（物）

3：英語

That story gives me truth.
（誰/何）　　　（人）　（物）

| 完成形 | That story gives me truth. |

　さて、非常にカンタンに、3つの動詞でイイカエができてしまったわけです！

　もちろん、イイカエただけですから、この3つの英文の意味は全部、「あの話は本当っぽい」です。

「な〜んだ、これでいいなら、ラクラクじゃん！」と、感じてしまった、あなたは、もう、すでに「英語を話せるモード」に入っています！！

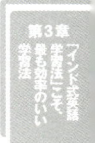

99%の日本人は「英文のカタチ」で、英語をしゃべれない！

　だって、本書を読む「1時間前」のあなたの「英語力」を思い出してみてください。

「あの話は本当っぽい」っていう日本語を、英語の文章でしゃべりたいなぁ、と思ったときに、

【sound】　→　That story sounds true.

【find】　→　I find that story true.

【give】　→　That story gives me truth.

…なんて英語をしゃべれていましたか？

　おそらく「まったく、思いつきもしなかった！」のではないですか？

　それも、そのはず、私の長年の英語指導の経験に照らし合わせても、**「99%の日本人はこんな英語は思いつきもしない！」**のです。

なぜなら、ここまで何度もお話ししたとおり、「日本語と英語では、あまりにも、『文章のカタチ（語順）』が、かけ離れているから」なのです！
　ここが私たちの最大の壁だったのです。

　でも、今のあなたなら、「**sound**」で英文のカタチが発想できなかったら「**find**」で、それも思いつかなかったら「**give**」で作ることもできるのです。

「英語を話すこと」は「発想」です！

　これまでの「単語だけで話す＆直訳をする」という発想を→「動詞で英文のカタチを決めて、イイタイコトを当てはめる」に変えれば、英語がスラスラ、口から飛び出すようになるのです！

　私が「『インド式英語学習法』で、あなたは絶対英語が話せるようになる！」と自信を持って言えるのは、実際にこのやり方で大勢の生徒を指導し、その生徒たちが英語で大活躍しているからなのです！

　さぁ、あなたも、「インド式英語学習法」で、**世界に向けて、あなたの意見を、発信しましょう！**

「3つの動詞」でイイタイコトをしゃべる練習

「3つの動詞が決める英文のカタチ」を練習しよう！

さて、ここまで、3つの動詞「**sound／find／give**」で、イイカエをしてみて、下記のように思っていただいた、読者のみなさまは、いらっしゃいますでしょうか！

「ああ、この英語学習法って超カンタンだなぁ～」

……と感じていただいたあなたに、もう1つ、練習問題です！ 今の、その気持ちを、英語にしてみましょう！

- 「**A sound B**」
- 「**誰 find A＝B**」と
- 「**誰／何 give 人 物**」

に当てはめれば、カンタンですね！ さて、思い浮かばない英単語はありますでしょうか？

- 「この英語学習法」は→ **this English method**
- 「超カンタン」は→ **very easy**

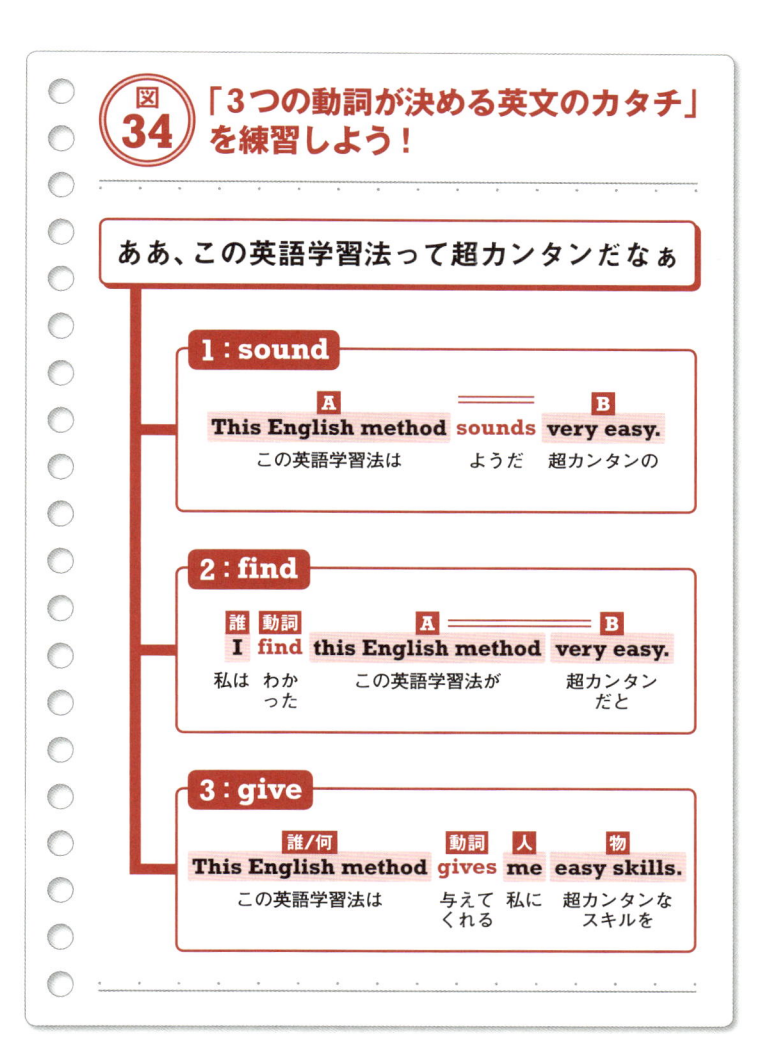

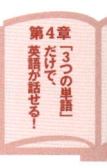

図34 「3つの動詞が決める英文のカタチ」を練習しよう！

ああ、この英語学習法って超カンタンだなぁ

1 : sound

A		B
This English method	sounds	very easy.
この英語学習法は	ようだ	超カンタンの

2 : find

誰	動詞	A	B
I	find	this English method	very easy.
私は	わかった	この英語学習法が	超カンタンだと

3 : give

誰/何	動詞	人	物
This English method	gives	me	easy skills.
この英語学習法は	与えてくれる	私に	超カンタンなスキルを

How to learn English with the Indian method

などの、中学生でもわかる「英単語」を使用すれば、大丈夫です！

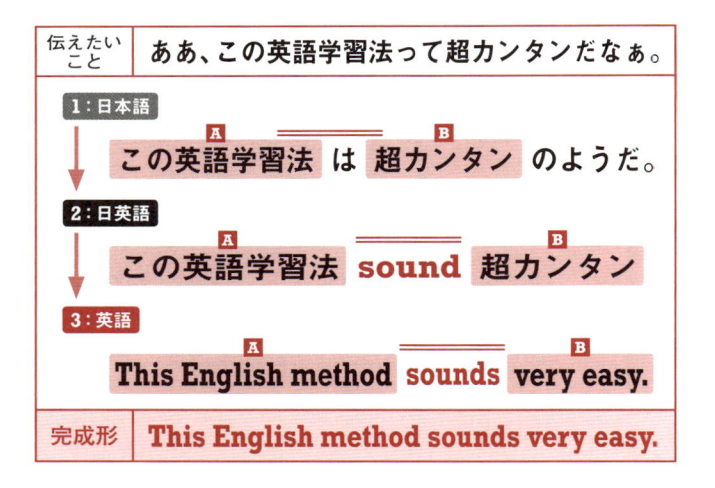

伝えたいこと	ああ、この英語学習法って超カンタンだなぁ。
1：日本語 ↓	この英語学習法 **A** は 超カンタン **B** のようだ。
2：日英語 ↓	この英語学習法 **A** sound 超カンタン **B**
3：英語	This English method **A** sounds very easy. **B**
完成形	This English method sounds very easy.

さぁ、もう、コツはつかめてきましたね。「**sound**」ができてしまえば、

- 「**A** sound **B**」
- 「誰 find **A**＝**B**」

というように、それぞれ「A」と「B」に入る英単語は同じわけですから、「**find**」の英文は相当、楽勝ですね！

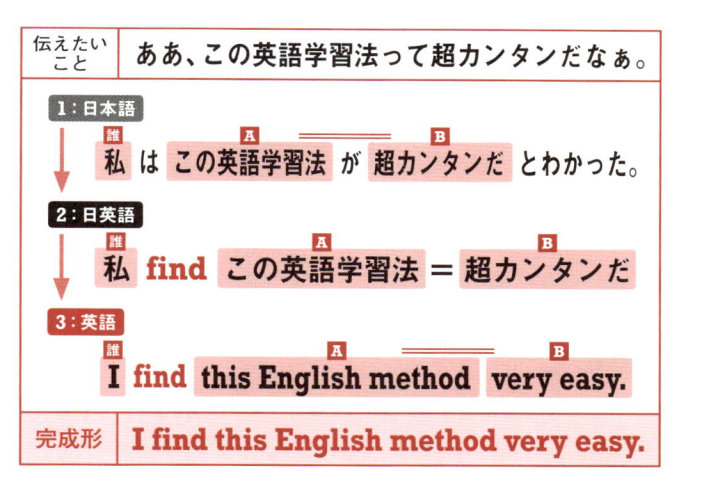

伝えたいこと	ああ、この英語学習法って超カンタンだなぁ。

1：日本語
↓
誰　　　　　　Ａ　　　　　　　Ｂ
私 は この英語学習法 が 超カンタンだ とわかった。

2：日英語
↓
誰　　　　　Ａ　　　　　　　Ｂ
私 find この英語学習法 ＝ 超カンタンだ

3：英語
誰　　　　　Ａ　　　　　　　Ｂ
I find this English method very easy.

完成形	I find this English method very easy.

　そして、最後に「give」の動詞でも、作ってみましょう。

　このとき、**「誰／何 give 人 物」**の英文のカタチ中の、まず、「人」の部分から考えてみると、わかりやすいです。

「人」の部分は→「me（私に）」ですね。
　次に、「物」の部分は、何を与えようとしているのでしょうか？
「超カンタンなやり方（スキル）」ですよね。
　でも、この「物」の部分は、「名詞」が入らない

といけないので「**easy skills**」にしておきましょう。

「誰／何」の部分には「この英語学習法」→**this English method**が入ります。

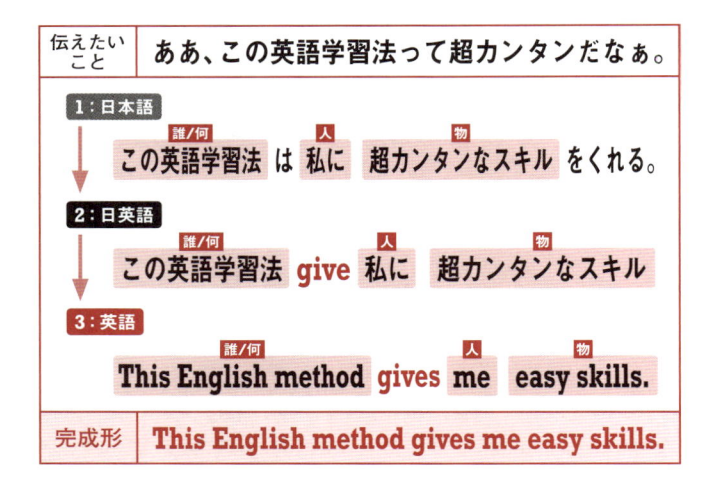

伝えたいこと	ああ、この英語学習法って超カンタンだなぁ。
1：日本語	この英語学習法 は 私に 超カンタンなスキル をくれる。
2：日英語	この英語学習法 give 私に 超カンタンなスキル
3：英語	This English method gives me easy skills.
完成形	**This English method gives me easy skills.**

　…さぁ、ここまで、練習したら、もう大丈夫ですね！
　もう、あなたの頭の中は「何か英語で表現したいことがある！」と思った瞬間に、この「３つの動詞」のどれに当てはめればいいか、勝手に、考え出してしまうように、なっていることでしょう。

「3つの動詞」の仲間の動詞39個の一部をご紹介！

さて、この「**3つの動詞が決める英文のカタチ**」をマスターできたら、ぜひP245〜掲載してある「巻末資料」の「**sound／find／give**」と同じ機能をはたす仲間の動詞（39個）を使って、英文を作ってみてください。

では下記に「**sound／find／give**」と同じ機能をはたす「仲間の動詞」をいくつか紹介しましょう！

---

sound（A＝B）の仲間の動詞（10個）のうち、いくつかをご紹介しましょう。

A She **sounds** **B** well.　彼女は（聞いた感じからして）良さそうだ。

A She **is** **B** well.　彼女は調子が良いです。

A She **appears** **B** well.　彼女は（見た感じからして）良さそうだ。

A She **smells** **B** well.　彼女はいい匂いがする。

A She **stays** **B** well.　彼女は調子がいい状態のままである。

How to learn English with the Indian method

この「**sound**」の仲間の動詞は、「聞いた感じ」「見た感じ」「匂いがする」「味がする」など、「五感を中心にしたもの」です。五感のイメージとともに、覚えていくと、覚えやすいと思います。

---

find（誰 find A=B）の仲間の動詞（11個）のうち、いくつかをご紹介しましょう。

| 誰 I | find | A him | B kind. | 私は彼が親切だとわかった。 |

| 誰 I | consider | A him | B kind. | 私は彼が親切だと思う。 |

| 誰 I | believe | A him | B kind. | 私は彼が親切だと信じている。 |

| 誰 I | feel | A him | B kind. | 私は彼が親切だと感じている。 |

　この「**find**」の仲間の動詞は、日本語の「語順」と大きく違うため、本来は、日本人には発想しにくい英文なのです。

　しかし「**誰 find A＝B**」の英文のカタチを学んでしまったみなさんなら、もう余裕で大丈夫です！

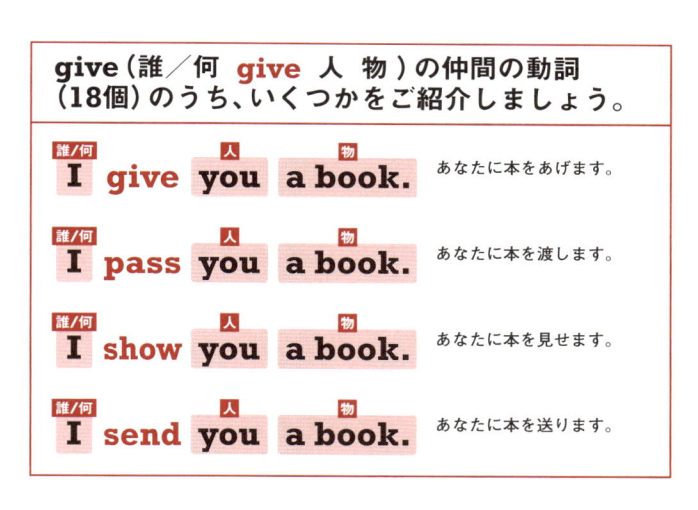

> **give（誰／何 give 人 物）の仲間の動詞
> （18個）のうち、いくつかをご紹介しましょう。**
>
> 誰／何　　　人　　　物
> **I give you a book.**　　あなたに本をあげます。
>
> 誰／何　　　人　　　物
> **I pass you a book.**　　あなたに本を渡します。
>
> 誰／何　　　人　　　物
> **I show you a book.**　　あなたに本を見せます。
>
> 誰／何　　　人　　　物
> **I send you a book.**　　あなたに本を送ります。

　この**「誰／何 give 人 物」**の動詞の仲間を使うときに注意が必要なのは、日本語では「誰／何」の部分や、「人」の部分が、省略されていることが多いです。これさえ気をつければ実にカンタンです！

　私がこの「インド式英語学習法」で紹介している動詞は、P245〜の「巻末資料」の39個ですべてです。

　この39個を使えるようになったら、もう、十分！
　ビジネス上の英会話でも何の問題もなくなります！　「世界標準の英語（グローバル・イングリッシュ）」は、もう、あなたのものなのです！！

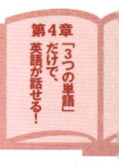

第4章 「3つの単語」だけで、英語が話せる！ まとめ

1 日本人がつまずきやすいポイントは、
「単語だけで話そうとしてしまう」と
「Be動詞と動詞のhaveばかり使う」

2 日本人のための英語は、
「①発音は気にしない」「②単語・文法の暗記はナシ」
「③sound／find／giveの3つの動詞で
英文のカタチを作る」

3 動詞の種類によって
「英文のカタチ（単語の並び順）」は
決まっている

4 「sound／find／giveの3つの動詞」が
それぞれに作る、
英文のカタチをマスターしよう

5 「3つの動詞が作る英文のカタチ」に
収まらない「積み残し情報」は、
「at＋名詞」と「with＋名詞」だけで大丈夫！

6 3つの動詞は
「sound↔find↔give」というように、
他の動詞で同じ内容が話せる！

第5章

英語がカッコよく話せる「7つのコツ」

How to learn English with the Indian method

How to learn English with the Indian method

英語がカッコよく話せる 7つのコツとは？

英語力に関係なく、誰でもできる、「英語がカッコよくなる7つのコツ」

　さて、ここまで「日本語脳のまま英文のカタチを作ってカンタンに話す方法」を紹介してきました。

　これでコミュニケーションのツールとしての「英語の基礎力」は十分なのですが、さらに英語をカッコよく話してみたくないですか？　しかもカンタンに。

　あるんです。ラクラクにカッコいい英語を話せる方法が。何がラクって、この**「英語がカッコよく話せる7つのコツ」**は、英語力に関係なくできるから！

　これは、もともと、私の「英語の研修」のときに、「失敗してもいいですよ！　下手でも大丈夫ですよ！」といくら生徒さんに言ってみたところで、自分が下手だと思っている生徒さんたちは、なかなか英語をしゃべろうとはしません。

「それは、ズバリ恥ずかしいから」

……私たち日本人の、最大の「特性」ですよね。
　そこで、何とか「カッコいい英語に聞こえるコ

ツ」を考え、生徒さんたちに伝えてきました。

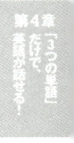

【英語がカッコよく話せる７つのコツ】
コツ①「声量を２倍にする！」
コツ②「最後こそハッキリと！」
コツ③「首は痛くなるまで振る！」
コツ④「視線はココに！」
コツ⑤「ジェスチャーは右手に注意！」
コツ⑥「切るのは動詞の後で！」
コツ⑦「先を予測して聞く！」

　これらのコツは、非常に、効きます！　私の「英語研修」の中で、受講生の皆さんにやっていただいて、「おっ、本当だ！　すごくカッコいい！」と言っていただいた、「実証済みのもの」ばかりです！

　これらは、７つとも、「練習などいらずに、今すぐできるコツ」ばかりです！
　この「７つのコツ」を実践していくことで、本当にカッコよくしゃべれるようになり、自信が持てるようになってきます。

　すると、英語の学習へのモチベーションも上がり、本当に英語が上手くなってしまうのです！！

【7つのコツ その①】
声量を2倍にする！

【日本人の、ここがイマイチ】
日本人の発声は「胸式呼吸」

「日本人の英語が下手に聞こえてしまう理由」は、意外なところにあります。

　それは「声」です。

「発音の正しさ」ではありません。あなたのその「声そのもの」が原因なのです。

「えー、ネイティブはキレイな声なんですか？　日本人は、美声じゃないってこと？」

　いえいえ、そんなことではないのです。「いい声かどうか？」などは、関係ありません。
　実は、あなたの「声の出し方」自体が、「日本語を話す場合」と「英語を話す場合」とで、全然、違うのです。

　英語に一番合った声の出し方というのは、実は「自信のある声」なのです。
　つまり、**英語向きの声とは、ずばり「大きい声」**なのです。

図35 声量を2倍にして お腹から声を出す

✕ 日本人の声の出し方

助けて〜

さて、と…

小さくて高いから聞き取りづらい

◎ 外国人の声の出し方 !!!

Help me!!
（助けて!!）

な、なに!?

大きくて低いから聞き取りやすい

英語を話している外国人の様子を、思い出してみてください。

「どうして、そこまで大声で、話すんだろう……」

と感じたことはありませんか？
　そう、彼らの声は、「異様に大きい」のです。
　一方、彼らにとってみれば、私たち、**「日本人の声は、異様に小さく聞こえる」**のです。

　外国人からしてみれば、いつも、「音量30レベル」でテレビを見ていた人が、急に、「音量10レベル」くらいで見なければならなくなってしまったようなもの。

「聞き取りづらい……」
「一緒に会話をするのが、面倒くさい……」

と、なってしまいます。

　ですから、これは私たちが「相手に負担をかけないような英語の話し方」に変えなければなりません。

　そのポイントは「腹式呼吸」をすること。

実は英語を話す人というのは、「腹式呼吸」で話しています。
　お腹に空気を入れて、そして息を出すと、「声が胸全体に響く」のです。
　この呼吸法にすると、声が大きく、低く響いてくるのです。

　一方、私たち日本人の多くが「胸式呼吸」で話しています。胸に空気を入れて出すという方法です。
　これは、「喉だけ」にしか声が響かないので、細め＆高めの声、になるのです。

　たとえば、日本語で「助けて〜」と叫んでみましょう。あっ、これは誰もいない所でやってくださいね。人がいると、本当に誰か来てしまうかもしれませんから（笑）。

　では、今度は英語で「**Help me!**（助けて！）」と叫んでみましょう。
　そして、日本語と英語の「声の高さ」を比べてみましょう。

　日本語は頭から出す感じで、かん高い声になります。英語は声が低め、そして強い感じになりますね。

このように、英語の発声法は「体で響いている範囲が広い」ので、「ピントが曖昧な英語っぽい響き」になってくるのです。
　だから、何だかカッコいい、英語らしい音になるのです。
　つまり、**「英語っぽい音」とは、「発音ではなく、発声の仕方」に、根本的な原因があったのです。**

【これで解決！】声量を2倍にして、お腹から出す

　ですから、対策としては、単純に「声量を今の2倍にして、お腹から出すこと」なのです！

「2倍！」といったのは、それぐらいの気持ちでいないと「いつもより声を大きく出すように意識する」ことができないからです！

　そして、実際、「お腹の筋肉を使っている」というように意識して声を出すことで、本当に腹筋を使って発声できるようになっていきます。

　さぁ、今すぐ練習してみてください！　「2倍！」ぐらいのイメージで、意識して声を大きく、お腹か

ら出すように、英語を話してみましょう。

……すると不思議なことに、

「あれ？　もしかして僕の英語って、カッコいい雰囲気がする？」

と感じ、自分の英語に自信が持てるような気がしてきます。

　そして、実際に、英語が、もっと、もっと話せるようになっていくのです。

「自信が持てるようになると大きな声が出る」のではなく、**「大きな声を出すから、上手く聞こえるようになって、自信が持てる」**のです。

「ネイティブの英語の発音」をマネるのは難しいですが、ただ単に「自分の声を、大きく、お腹から出す」だけなら、誰にでもできますよね！

　実は、たったこれだけで、「カッコいい英語」、「自信を持てる英語」が、話せるようになるのです！

【7つのコツ その②】
最後こそハッキリと！

【日本人の、ここがイマイチ】
語尾が消えるように話してしまう

　さて、「日本人と英語を話すとき、外国人のストレス原因の第1位は？」……それは、ずばり「沈黙」です。日本人は、正確に話そうとして頭の中で考えるあまり、すぐに「沈黙」してしまうのです。

　では、「日本人との英会話がストレスになる原因の第2位」は何だと思いますか？

　これは9割くらいの日本人にみられる話し方の特徴なのですが…。
　実は、そのうちの9割くらいの人は「この日本人の話し方のクセ」に気づいていません！

　それは……、「日本人は、日本語で話すときも、英語で話すときも、どちらも語尾が消えてしまう」のです。
　この現象を、専門用語で「スラー」と言います。

　さて、昔からある記号ですが「＞」と「＜」というのがありますよね。

図36 語尾をハッキリ、大きな声で話す

✕ 日本人の語尾

英語の研修をこれまで50万人の方々に受講していただいています…

ん？何？

語尾が小さくて聞き取れない

◎ 外国人の語尾

I've taught 500 thousand students English.

そうなんだ！

語尾がハッキリしていて聞き取りやすい

ここでは、この記号を、便宜上、
- 「＞（だんだん小さく）」
- 「＜（だんだん大きく）」

と名づけますね。

　たとえば、日本人の話し方というのは、「＞（だんだん小さく）」で、話してしまっているケースがほとんどなのです。

「私はパンネーションズの安田と申します＞（だんだん小さく）」

「英語の研修をこれまで50万人の方々に受講していただいています＞（だんだん小さく）」

……みたいな感じで話してしまっているのです。
　では、ここで、「あなたの周りの人の話し方」をよ〜く観察してみてください。
　この場合、「ある程度まとまった量の話」を聞いていると、わかりやすいかと思います。

　すると、あなたは意識したことがなかったので、いままで、気づきませんでしたが、「＞（だんだん

小さく）」という話し方で、話している日本人が、9割なことに気がつくことでしょう！

　つまり、日本人の9割が、だんだん語尾が小さく、あるいは消えていくような話し方をしているのです！

　そして、私たちは、この「日本語のスラーのクセ」が、英語を話すときにも出てきてしまうのです。

　そもそも、「声の声量」が小さい日本人なのに、それに加えて「＞（だんだん小さく）」で話されてしまうと、相手の人は最後が聞き取れなくなって、ストレス満点になってしまうのです！

　そうすると、相手は、当然、意味がわからないので「**Pardon?**（えっ、何ですか？）」を繰り返します。

　すると、その「**Pardon?**（えっ、何ですか？）」の連打攻撃を受けて、私たちは、ますます焦って、パニックになってしまうのです！

「ああ～、やっぱり、英語が通じないよ～！！」

……、これぞ、まさしく、悪循環ですね（笑）。

【これで解決！】
語尾をハッキリ＆大きな声

　この「語尾が小さくなるクセ」を改善する方法は、当然「語尾をハッキリと、そして声を大きく」ということになります。

　語尾が消えてしまうのがよくないのは、「相手が聞き取れない」ということにプラスして…、

「語尾が消える」→「消え入るような声という印象を与える」→「コミュニケーションに対する意欲がない印象を与える」となってしまうからなのです。

　これでは「英語が上手か下手か以前の問題」になってしまいます。

「話す気が感じられない人」と、話したいと思う人はいませんよね。
　そんな「入口のところ」で、悪い印象を与えてしまっては、本当に、もったいないです。

ぜひ、「**語尾をハッキリ＆大きな声**」で話してみましょう！

　語尾は、

I've taught 500 thousand students English!!!
＜　＜　＜　＜　＜　＜　＜　＜　＜　＜　＜
（英語の研修をこれまで、50万人の生徒たちに教えてます！！！）

と、「最後にアクセントをつけるくらいのつもり」で、大丈夫です！！

　恥ずかしがりやの私たち日本人は、「やや大げさなくらいの話し方」で、外国人からは「ちょうどよい感じ」に受け取られます。

　躊躇せずに、思い切ってやってみてください。

「語尾をハッキリ＆大きな声」を実行するだけで、理解してもらえるだけでなく、あなたの自信も、相手に伝わるのです！

How to learn English with the Indian method

【7つのコツ その③】
首は痛くなるまで振る！

【日本人の、ここがイマイチ】
会話中の反応が、非常に薄い！

　世界中の人々と、英語でコミュニケーションをとるにあたって、「日本人って、よくワカラン？？？」と思われてしまう、特徴があります。

　それは**「反応が薄い」**こと。

「日本人って、よくワカラン？？？」と思われてしまうのは、日本人はこちらの考えに「賛成」なのか、「反対」なのか…、または、自分の意見は別のところにあるのか、そのどれなのかが、「反応が薄すぎてワカラン！」ということなのです。

　別にラテン系の人たちのように、両手を広げて

「ウワァォ〜〜〜、それはスゴい！！　ブラボ〜！！あなたに同感だぁ〜〜〜！！！！」

などと、派手な反応をしなさい、というわけではないのです…。

　ここでのポイントは、「反応を示して欲しい！」

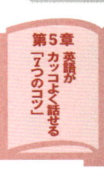

図37 相づちを打つだけで会話が成り立つ

✗ 日本人の反応

聞いてないのかな…

His idea sounds interesting.
(彼のアイデアは面白いようだ)

……。

日本人

相づちがないので話す気がなくなる

○ 外国人の反応

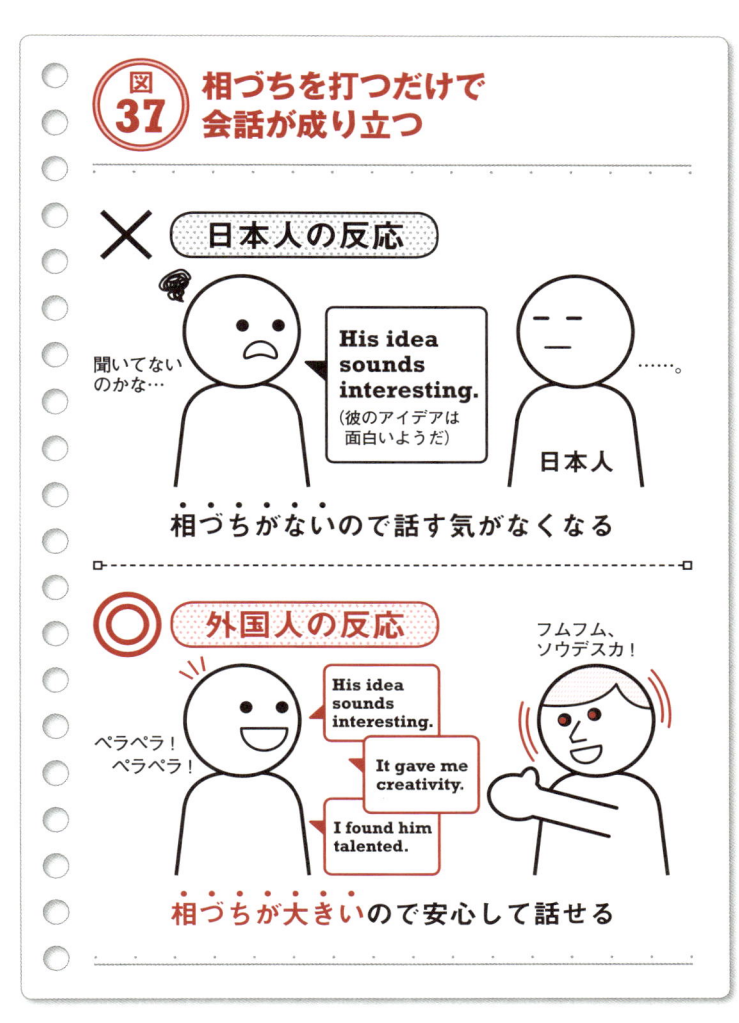

ペラペラ！ペラペラ！

His idea sounds interesting.

フムフム、ソウデスカ！

It gave me creativity.

I found him talented.

相づちが大きいので安心して話せる

ということなのです。

**　具体的には「会話中の相づち」をしてもらいたい、ということなのです。**

　これが日本人には、ほとんどないので、「日本人と話していると、人というより、物に話しているみたいで、やりにくい」などと言われてしまうのです。

「相づちがない」、しかも「口数も少ない」、となると…、

「この人は、本当に私の話を理解しているのだろうか？」
「この人は、私の話に納得しているのだろうか？」
　しまいには…、
「この人は、もしや、内心、ムッとしているのではないだろうか？」

と、どんどん不安になってきてしまいます。そして、相手側も、だんだん、話す気もなくなってきてしまうのです。

　私たち日本人は、普段の日本人同士のコミュニ

ケーションの場合、「相づちの有無」は、お互いにあまり気になりません。

ですが、その感覚で、世界の人々と「英語で会話」してしまうと、思った以上に相手に不快感を与えてしまうのです。

【これで解決！】
相づちをしっかり打とう！

さて、英語の会話での、何気ない「相づち」ですが、これは、

I'm with you.
（この会話を受け入れていますよ、共感していますよ）

という、「非言語的なサイン」を、相手に送り続けていることになるのです。

私がよく英語の研修で、

「英語で会話をするときは、痛くなるまで首を振って、『相づち』をしてください！」

などと冗談まじりに言いますが、本心は、かなり大真面目です。

　実は、あまり上手でない、つたない英語だったとしても、この「相づち（共感サイン）」を一生懸命送り続けることで、人間同士は、案外、近づけるようになるものなのです。

　反対にどんなに英語が上手くても、この「相づち（共感サイン）」がなければ、相手は心を開いてはくれません！

　ところで、英語の会話に夢中になっていると「相づち」まで意識が回らないかもしれません。

　そんなとき、自分がちゃんと「相づち」を打っているかのバロメーターになるのが、「相手の相づち」です。

「相づち」とは不思議なもので、まさにこちらが共感のサインを送ると、相手も「相づち」で共感のサインを送り返してきてくれるのです。

　ですから、相手が「相づち」を頻繁にしていたら

自分もやっている証拠であり、逆も、またしかりなのです。

「相手の相づち」を見ながら、「自分の相づち」をチェックしてみてくださいね。

「あぁ、『相手の相づち』が、あまりないなぁ」と感じたら、すぐに自分から「相づち」を始めてくださいね。

　それだけのことで、英語力のあるなしにかかわらず、飛躍的に「英語でのコミュニケーション能力」はアップするものなのです！

【7つのコツ その④】
視線はココに!

【日本人の、ここがイマイチ】
会話の中で白目をむいてしまう

「日本人がみ〜〜んなやっている、『アレ』は、何かの儀式か??」

これは、約30年前に、私が商社にいた頃、アラブ人に言われた、衝撃的な言葉です。

会議で、こちらは日本人が4〜5人いて、同人数のアラブ人との商談でした。私は「コーディネータ＆通訳の係」として、同席していました。

会議が終わり、休憩時間になると、フレンドリーな感じのアラブ人は、上記のようなことを言ってきたのです。

「アレ」…というとき、彼は、私たち日本人のアレのマネをしました。

そのマネされた「アレの動作」とは……、

「黒目を上に上げて、白目を出すこと」

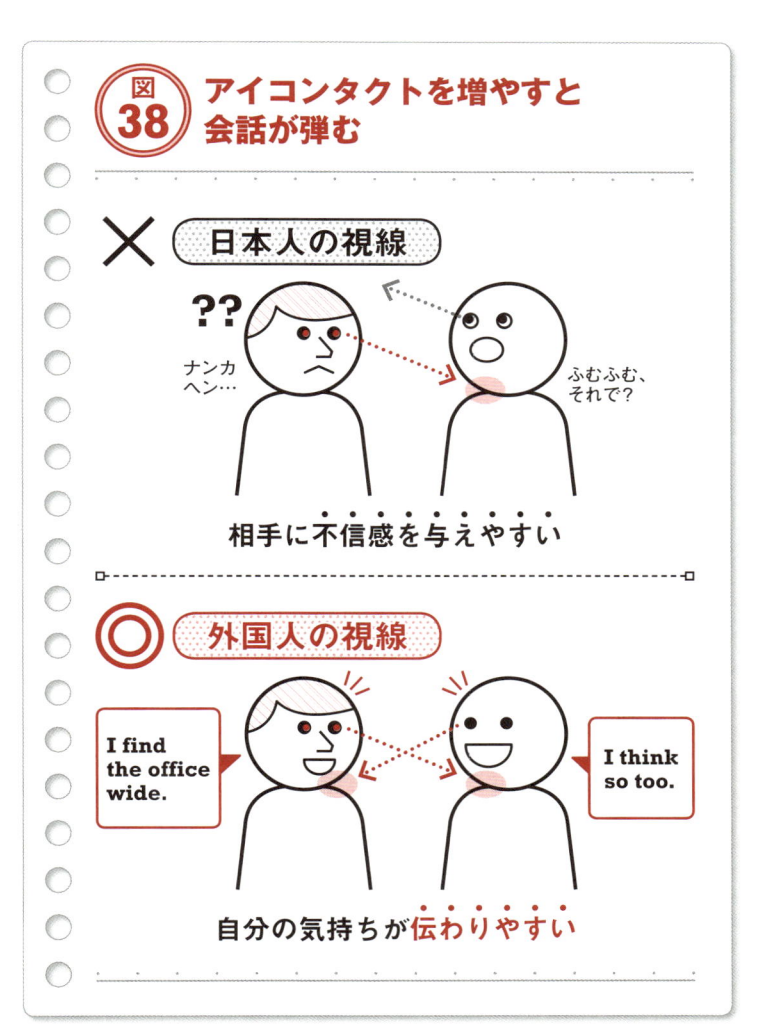

図38 アイコンタクトを増やすと会話が弾む

✕ 日本人の視線

?? ナンカヘン…

ふむふむ、それで?

相手に不信感を与えやすい

◎ 外国人の視線

I find the office wide.

I think so too.

自分の気持ちが伝わりやすい

これは、私たち日本人が、考え事をするときに、よくする動作ですね。

「何度も何度も白目をむいて、アレは何かの儀式か？」

と……。
「えっ…!?」

　私は想定外のその質問に、一体、何のことを言われているのやら、一瞬、「ア然」としてしまいました。

　ですので、そう言われた、その瞬間も、彼の前で、私は「白目をむいて」いました（笑）。

「ヤスダさん、それですよ、それ。その『白目をむく』のって、日本人にとっての、なにかの儀式なんですか？」

「あぁ、これですね。これは、私たち日本人が、何かを考えているとき、この白目をむく動作を、よくするんですよ…」

「え〜〜、ウソだろう！！　そんな奇妙なことを、日本人はするのか？」
……彼はビックリしていました。

「日本人は会話の中で、白目をむく…」

　まさか、そんな奇妙な印象を、私たちが与えているとは……。これは、私の外国人との体験の中でも、最も忘れられない出来事の１つです。

【これで解決！】
白目をむかず、アイコンタクトを

　この解決方法は、「考えるときには、白目をむかない」という解決法しかないですね（笑）。

　別に「このジェスチャー自体が悪い」ということはないのですが、世界的に見ても結構珍しく、また奇妙と思われがちなもののようです。

　おそらく、日本人は「ちゃんとした英語を話そうとして、英語を話すときに、必要以上に、話すことを考えてから、口に出す傾向が強い」から、この動作が、特に目立ってしまうのでしょうね。

ですので、ちょっと「白目をむかない」ように、気をつけてみてください。

　これ以外でも、私のこれまでの外国人とのコミュニケーション経験を振り返ると、「会話の際のアイコンタクト」は、日本人同士のとき以上に、影響が大きいのです。

　そこで、少し、「アイコンタクト」について説明しておきましょう。

「アイコンタクト」が少ないと、どうしても話し相手に対して

① 「興味がなさそう」
② 「怒っていそう」

……そんな印象を与えてしまうのです。

　日本人は、世界の他の国の人々に比べると、「アイコンタクトの頻度が少ない方」なのです。

　相手の目を見ること（アイコンタクト）ができずに、ちょっと恥ずかしくなってしまって、空中を見

てしまったり、書類に目をやってしまったりするビジネスパーソンは多いですよね。

　でも、実は、日本人は「アイコンタクト不足」で損してしまうことの方が多いのです。

　ですから、「英語の会話」では、日本人同士のときよりも、ちょっと意識して「アイコンタクト」を増やしてみましょう。

　相手の目を見つめ続けるのが難しい場合には、「相手の喉もとあたり」に視線を落としておけば、相手はアイコンタクトをしているように感じてくれますから、それも、１つの方法です。

　そして、くれぐれも、「考えるときに白目をむくクセ」には気をつけてくださいね（笑）。

How to learn English with the Indian method

【7つのコツ その⑤】
ジェスチャーは右手に注意！

📖 【日本人の、ここがイマイチ】
会話中の無意識「右手グルグル」

　日本人の、「よくやるクセ」といえば、もう１つ。

　英語を話しているとき、多くの日本人がやっている**「胸の辺りで右手をグルグル回すクセ」**について。

　おそらく自分では無意識なので、気づいていないと思うのですが、これは「英語をしゃべりながらリズムを取っている」ようなのです。

　私は、多くの日本人が英語をしゃべっているのを見て、その事実に気づきました。特に「プレゼンテーション」をするときなど、緊張しているときには、この「右手グルグル」のクセが頻繁になってくるようです。

　ですが、よく観察していると、別に、「右手グルグル」は、「話している内容」とマッチしているわけではないのです。ただ、グルグル回しているだけ。

　ただ、**「話の内容」と関係なく、繰り返される動作は、相手の理解のさまたげになってしまいます。**

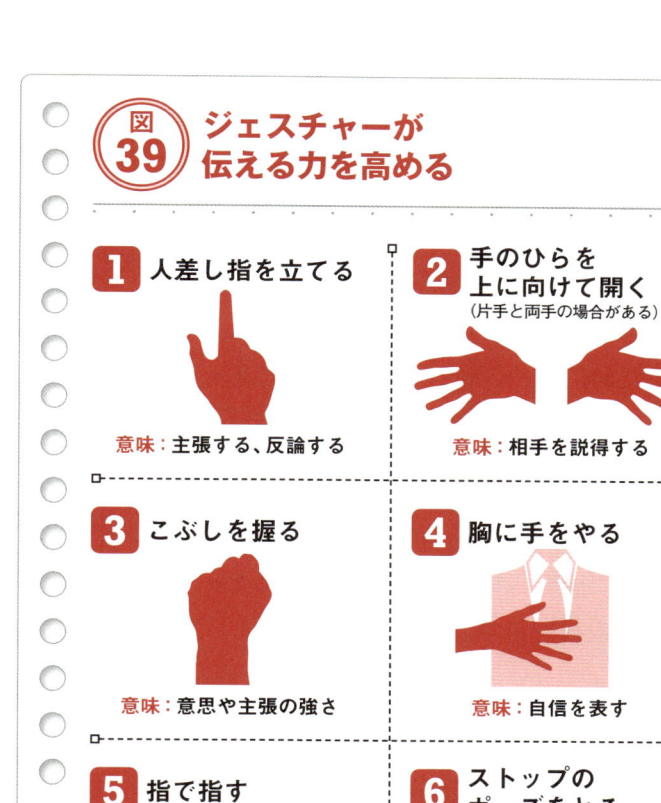

図39 ジェスチャーが伝える力を高める

1 人差し指を立てる
意味：主張する、反論する

2 手のひらを上に向けて開く
（片手と両手の場合がある）
意味：相手を説得する

3 こぶしを握る
意味：意思や主張の強さ

4 胸に手をやる
意味：自信を表す

5 指で指す
意味：注意を促す

6 ストップのポーズをとる
意味：抑止する、反対する

【これで解決！】話の理解を促す6つのジェスチャー

「ジェスチャー」というものは、あくまでも、話の内容の理解を促すために行うものです。

そのためには、ジェスチャーのバリエーションを増やし、同じ動作を繰り返さないようにすることが大切です。

では、代表的で、なおかつ私たち日本人がやっても大げさに感じないような「ジェスチャー」を、いくつかご紹介いたします。

【ジェスチャー①】
人差し指を立てる
［意味］→主張する、反論する

【ジェスチャー②】
手のひらを上に向けて開く
（片手と両手の場合がある）
［意味］→相手を説得する

【ジェスチャー③】
こぶしを握る
［意味］→意志や主張の強さを表す

【ジェスチャー④】
胸に手をやる
［意味］→自分を指し示す・自信を表す

【ジェスチャー⑤】
指で指す
［意味］→注意を促す

【ジェスチャー⑥】
ストップのポーズをとる
［意味］→相手を阻止する、反対する

　この「話の理解を促す６つのジェスチャー」を、話の内容に応じて使い分けることで、あなたが英語でイイタイコトが、より、相手に伝わりやすくなることでしょう！

How to learn English with the Indian method

【7つのコツ その⑥】
切るのは動詞の後で！

【日本人の、ここがイマイチ】
主語の後で区切ってしまいがち！

　ちょっと、下記の、奇妙な区切り「／」をされた日本語を、声を出しながら読んでみてください。

「私　／　は会社　／　で同僚　／　と話　／　をしていま　／　した」

　どう考えても、この区切り方はヘン！　そして、わかりにくいですよね。日本語で、こんな話し方をされたら、それはイライラしてきそうですね。
　この話し方の問題は、「区切るべきところ」で区切っていない、ということにあります。

　日本語の区切りの場合、正しくは、
「私は　／　会社で　／　同僚と　／　話を　／　していました」
になりますよね。

　しか～し、実は、私たちも、「英語を話すとき」に、こんなストレスを相手に与えているのです！

　私たちは英語を話すとき、

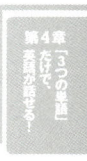

図40 しゃべり始めは必ず動詞まで言い切る

✗ 日本人の区切り方

He……sounds…

オットト…
ソコデ切ルノ？

主語の後で区切ると伝わりにくい

◎ 外国人の区切り方

He sounds……

「彼は……のようだ」だな！

動詞の後で区切ると伝わりやすい

I……（私は……）とか、**You**……（あなたは……）と、「主語」を言ったきり……、「次の英単語」が出てこないことが多いのです。

　それは、英語を話す人の感覚でいうと、先ほどの「区切りのおかしな日本語」のような話し方になっているということなのです。
　相手が、一生懸命理解しようと聞いていた場合は、「おっ、とっ、と！」と、前につんのめってしまいそうですね。

　私たちがよくやる、英語を「主語の後で切る」という区切り方は、聞いている相手に、かなりの負担を与えてしまう話し方なのです。

【これで解決！】
英語の場合は、動詞の後で切る！

　解決方法は、これもカンタン！　**「英語の場合は、動詞の後で切る」**ようにしましょう。

　たとえば、「私が歩く」を英語にするとしたら、
　I……ではなく
　I walk……のところまでは、しゃべりきってあ

げましょう。

　長〜い英文であれば、なおさらです。
　しゃべり始めは、かならず「動詞まで言い切って」しまいましょう。

　そのためには、この本で紹介している「**sound／find／give**」で英文を作る方法はとても有効です。これまでの「英文作り」とは違って、文をしゃべり出すときには、すでに動詞が決まっているわけですから。

He sounds great.
（彼は素晴らしいようだ）

　これも仮に「**sounds**」の後でつまっても、**He sounds**……までは最初の段階で出てきます。
　これだけでも、相手は理解するのに相当ラク。
　相手は「彼は○○○のようだ」の○○○の部分の単語が、次に出てくるのがわかっているので、それを予測して、待っていればいいわけですから。

　このように「動詞まで言ってあげること」は、相手にとって、とても理解しやすい英語になるのです！

【7つのコツ その⑦】
先を予測して聞く！

【日本人の、ここがイマイチ】
一語一語、英語を聞こうとする

「英語をカッコよく話す」ことと関連して、ぜひ覚えておいていただきたいことが…、

「英語を話すことができるようになれば、英語を聞くこともできるようになる」

ということです。

　私は「英語を聞くためのメソッド（リスニングメソッド）」でも、研修などを行っております。

　実は、これだけで1冊本が作れてしまうほど、「リスニング」に関してのメソッドはあるのですが、今回はリスニングに関して簡単にポイントをまとめてみます。

　さて、「リスニングができない……」という日本人に、その理由を尋ねてみると、たいてい、

・**相手の話すスピードが早過ぎる**
・**英会話に出てくる「単語（ボキャブラリー）」が**

図41 動詞に集中するとリスニングは上達する

✗ 一語一語直訳

私は / わかる / この会社 / すばらしい

I find this company excellent.

わからない…

すべての単語を訳そうとするとこんがらがる

◎ 英文のカタチを捉える

人	動詞	A	B
I	find	this company	excellent.
私は	わかる	この会社は	すばらしい

findだ！

動詞に集中すると英文のカタチがわかる

わからない
・各国それぞれのなまりがあって、わかりづらい

などということが挙げられます。

　……しかし、実はこれらは、「リスニングができない本当の理由」ではないのです。

　日本人がリスニングができない本当の理由とは…、

「一語一語、英語を日本語に訳そうとしてしまう」

ことにあるのです。

　しかし、ここまで何度もお話ししてきたように、英語と日本語のいちばんの違いは、「言葉の並び順が全然違うこと（文のカタチが違うこと）」なのです。

　そもそも、「言葉の並び順が全然違う」のに、英語を聞いているそばから、いちいちその単語を日本語に直訳していくと、「語順」がこんがらがって、まるで意味がわからなくなってしまいます。

　つまり、「英語が聞けない」根本的な理由は、「英

語が話せない」ということと、まったく同じなのです。

【これで解決!】
動詞に注目してカタチを捉える!

さて、「英語が聞ける＝英語が話せる」なのであれば、解決方法は、話すときと、まったく同じです。
つまり…、

「動詞に注目して、英文のカタチを捉えて聞くこと」

なのです。英文のカタチを捉えて聞いていくときに、重要なポイントになるのが、英文中の「動詞」です。

英語の文章のカタチを決定するのが「動詞」なので、その「動詞」を聞き逃さずに、きっちり捉えることがポイントなのです。

これまで、あなたが「リスニングが苦手」だったのは…、

「すべての単語を、『同列で』聞き取ろうとしていたから」

なのです。

　そこで、まずは、「聞くべき優先順位」をつけるようにすると、これまでより、圧倒的に、聞き取りやすくなります。

　そして、英語のリスニングの場合は、「動詞を聞き逃さないようにする」ことで、「英文のカタチ」が捉えられるようになるわけですから、「動詞」を聞いた後は、その先を予測しながら聞けるようになってくるのです。

　たとえば、
He sounds ○○○

という英文が始まった時点で、頭の中に、
「He　＝　○○○なようだ」
というカタチを予測できるので、次に「○○○」に入る事柄が現れる……、と予測して聞くことができます。

　同様に、
I find ○○○

ときたら、その「○○○」に入る「A　＝　B」とい

図42 「動詞」に注目することで「英文のカタチ」を予測して聞ける

動詞に注目すると先が予測できる

He sounds……

彼は……のようだ（B）

Bを予測

I find……

A＝B ……であるとわかる

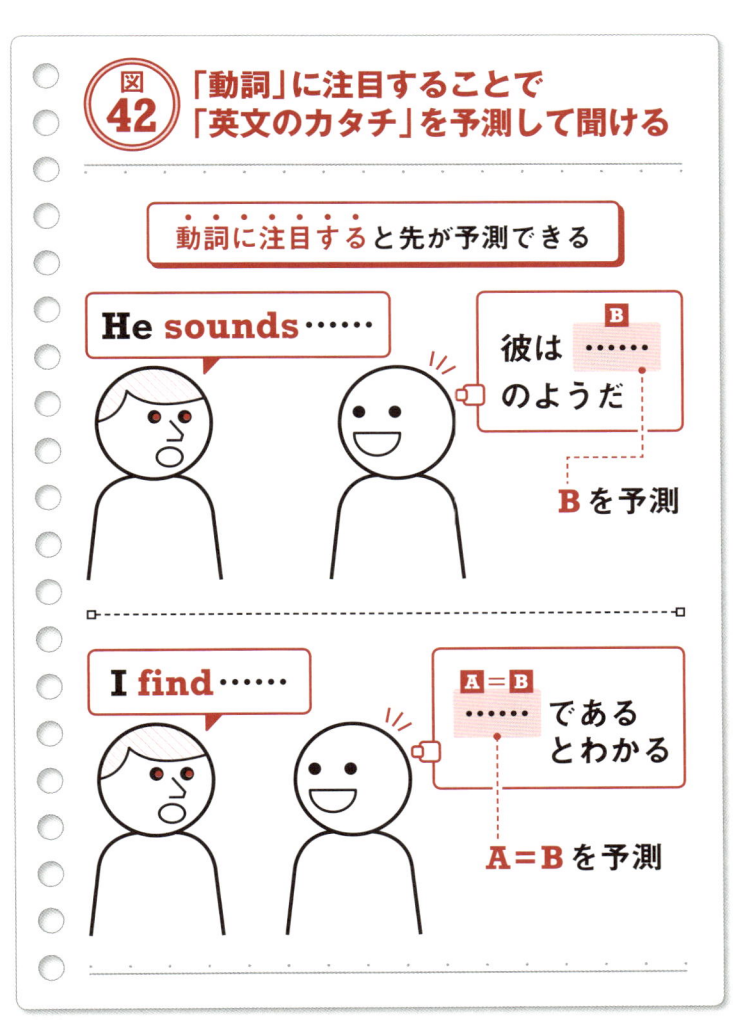

A＝Bを予測

う事柄が入ることを、予測して聞くようになるので、理解が圧倒的に早く、正確になるのです！

　このように**「動詞を聞き取ることに意識を向けると、動詞が出てきた時点で、次の英文のカタチを予測して聞くことができる」**ので、安心して聞くことができます。

　そして、「英文のカタチ」を捉えられると同時に、その意味も捉えられるので、理解力もグンとアップします。

　これで、相手の会話スピードが速くなっても、わからない英単語（ボキャブラリー）が出てきても、「英文のカタチ」を捉えていることによって、「大まかな意味」が理解できるようになるのです。

　結局、今までは英語を聞く際に、「まず第一に何を優先して聞くべきか」を決めていなかったため、必然的に、「すべての単語を『同列で』聞こうとして、一語一語、訳していた」ので、スピードの早さや、単語力不足に、振り回されていただけなのです。

　このように「英語を聞けるようになる（リスニン

グカアップ）」のためには、「動詞に注目して英文のカタチを素早く理解する」ことで、今までの何倍も、英語が聞けるようになるのです！

「1日20分×3カ月」で英語がしゃべれる練習法

「日本語」→「日英語」→「英語」の3ステップで英文のカタチを作る

　ここまで解説してきました「3つの動詞で英語のカタチを捉える」という、日本語脳のままで、できる「インド式英語学習法」は、いかがでしたでしょうか？　ここまでの1時間で、英語が話せる基礎力が、もう、みなさんには、身についています！

　そして、きっと、みなさんの「英語学習の常識」を、くつがえす内容だったかと思います！！

　さて、一説によると、「聞き流し」だけで英語ができるようにするとなると、約1万時間かかるそうです。
　そうすると、ざっと計算しますと…、「**1日3時間、毎日、英語を聞いて、それを10年間続ける**」……何だか、冗談みたいな話ですね。

　このように「習うより慣れろ方式」で英語脳になるためには、「1万時間、英語を聞き流す」「英単語を5000ワード覚える」「字幕なしの洋画を毎日1本見る」など、普通の大人には、条件的に、到底無理なことが、ほとんどなのです！

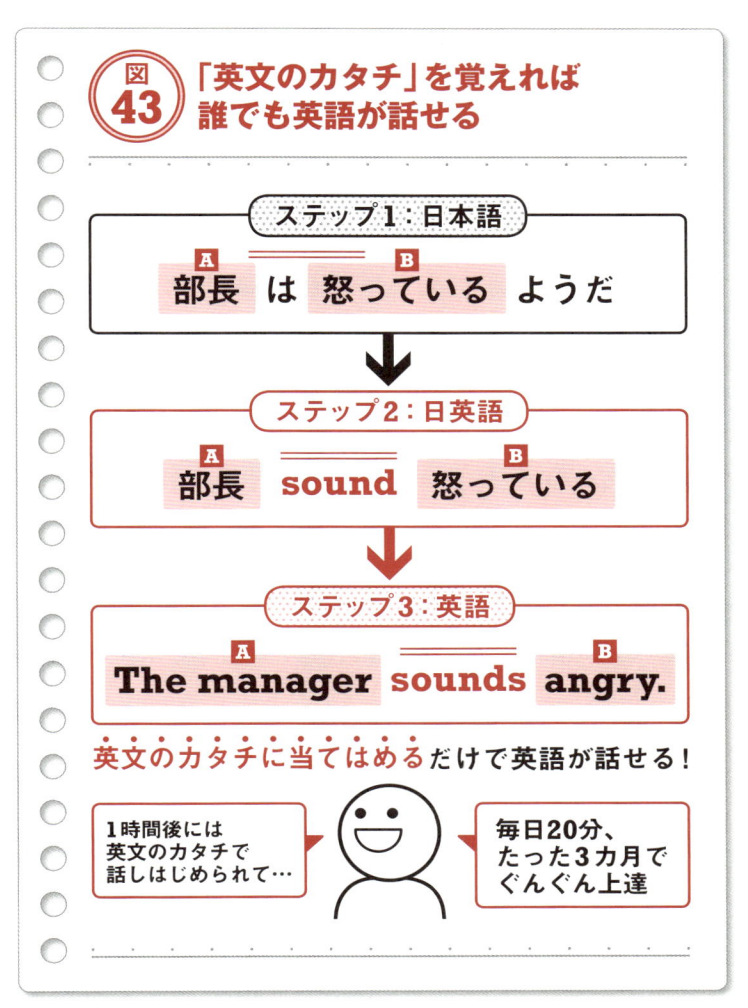

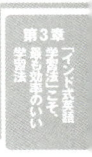

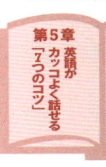

図43 「英文のカタチ」を覚えれば誰でも英語が話せる

ステップ1：日本語

[A]部長 は [B]怒っている ようだ

↓

ステップ2：日英語

[A]部長　sound　[B]怒っている

↓

ステップ3：英語

[A]The manager sounds [B]angry.

英文のカタチに当てはめるだけで英語が話せる！

- 1時間後には英文のカタチで話しはじめられて…
- 毎日20分、たった3カ月でぐんぐん上達

How to learn English with the Indian method

しかし、「インド式英語学習法」であれば、1日20分×わずか3カ月くらいの学習で、「世界標準の英語（グローバル・イングリッシュ）」が、しゃべれるようになるのです。

「**sound／find／give**」を使って行う、この英語学習法は、日本語脳のまま、イイタイコトを当てはめているだけ。

　つまり、**日本語で考えて、日本語の理屈から学ぶ、まさに大人向けの方法であり、「日本語脳のまま、英語が話せてしまう」**そんな方法なのです。

　この学習の条件としては、
「中学校で習う英語の知識を持っていること」、そして「日本語がペラペラなこと」（笑）だけです。

「日本語」→「日英語（にちえいご）」→「英語」の3ステップで英語に変えていく練習をしてみてください！

　そして、その英文を「声に出して」読んでみます。これを繰り返すことで、「動詞と英文のカタチがセット」で、頭に入ってきます。

これで「日本語→英語の回路」が、頭にできてしまうのです！

「**sound／find／give**」で、その回路ができてきたら、今度はP245〜の「第6章【巻末資料】」にある「3つの動詞の仲間の動詞」でも、同じことをやってみてください（すべての動詞に例文がついています）。

　とにかく、P245〜の「例文」を参考にしながら、**だまされたと思って、3カ月間、毎日20分間だけ、あなたが表現したい英語を、この「3ステップ」で練習してみてください！**　3カ月後には、誰でも、かなりの英語が話せるようになりますよ！

　そして、このように「動詞と英文のカタチのセット」が頭に入っている状態になると……「聞く」ことと「読む」ことの両方が、英語のカタチを捉えながらできるようになり、一語一語、訳して聞いたり読んだりしていた頃より、何倍も、スムーズに内容を理解できるようになります！

　さぁ、これで、3カ月後には、「世界標準の英語（グローバル・イングリッシュ）」は、もう、あなたのものなのです！！

How to learn English with the Indian method

第5章 英語がカッコよく話せる「7つのコツ」 まとめ

1 コツ①「声量を2倍にする！」
⇒ 腹式呼吸で「お腹から大きい声」を！

2 コツ②「最後こそハッキリと！」
⇒ 語尾をハッキリ、大きな声で！

3 コツ③「首は痛くなるまで振る！」
⇒ 相づちをしっかり打ちましょう！

4 コツ④「視線はココに！」
⇒ 白目を向かずに、アイコンタクトを！

5 コツ⑤「ジェスチャーは右手に注意！」
⇒ 話の理解を促す「6つのジェスチャー」

6 コツ⑥「切るのは動詞の後で！」
⇒ 英語の場合は、動詞まで言い切る！

7 コツ⑦「先を予測して聞く！」
⇒ 「動詞に注目」することで、先が予測できる！

第6章

【巻末資料】
「sound / find / give」の仲間の動詞39個

How to learn English with the Indian method

「sound／find／give」の仲間の動詞39個

「sound／find／give」と、使い方が同じ動詞39個

　さて、この【第6章】の「巻末資料」では、ここまで学んできた3つの動詞「**sound／find／give**」と同じ機能をはたす「仲間の動詞39個」を、ご紹介いたします！

　39個の動詞の使い方は、「**sound／find／give**」とまったく同じです。

・「**sound**の仲間の動詞」→「**A sound B**」
・「**find**の仲間の動詞」→「**誰 find A＝B**」
・「**give**の仲間の動詞」→「**誰／何 give 人 物**」

という「英文のカタチ」に当てはめれば、カンタンですね！　この39個を使えるようになったら、「世界標準の英語（グローバル・イングリッシュ）」は、もう、あなたのもの！！

　3カ月間、毎日20分間だけ、あなたが表現したい英語を、この「39個の動詞」で練習してみてください！　3カ月後には、誰でも、相当な英語が話せるようになりますよ！

図44 soundの仲間の動詞10個

1	be	Aは ＝ Bである
2	appear	Aは（外見から判断して）＝Bに思える
3	look	Aは（外見から判断して）＝Bに思える
4	seem	Aは（外見から判断して）＝Bに思える
5	smell	Aは ＝ Bの匂いがする
6	taste	Aは ＝ Bの味がする
7	feel	Aは ＝ Bと感じる
8	remain	Aは ＝ Bの状態のままである
9	stay	Aは ＝ Bの状態のままである
10	become	Aは ＝ Bになる

How to learn English with the Indian method

| 👆 | **be** | Aは ＝ Bである |

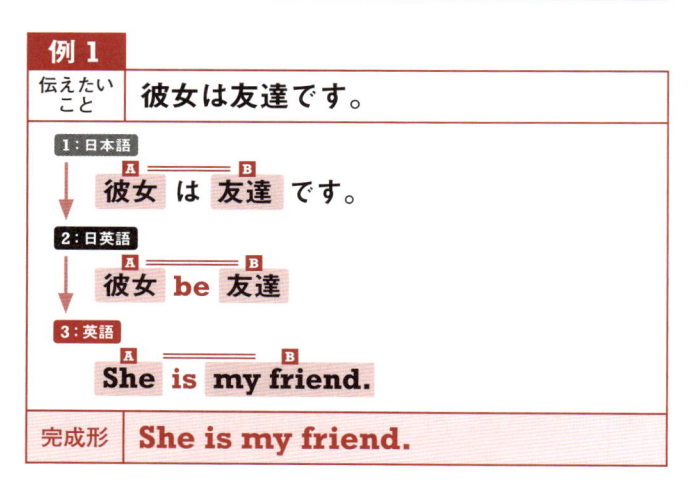

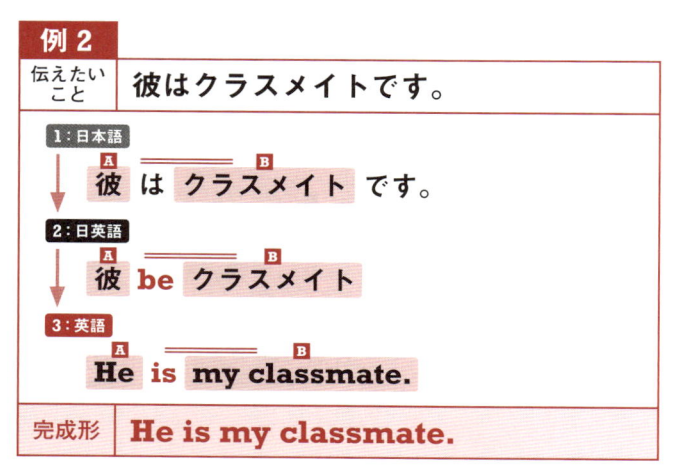

例1

| 伝えたいこと | 彼女は友達です。 |

1：日本語
彼女 は 友達 です。

2：日英語
彼女 be 友達

3：英語
She is my friend.

| 完成形 | **She is my friend.** |

例2

| 伝えたいこと | 彼はクラスメイトです。 |

1：日本語
彼 は クラスメイト です。

2：日英語
彼 be クラスメイト

3：英語
He is my classmate.

| 完成形 | **He is my classmate.** |

👁 appear — Aは（外見から判断して）＝Bに思える

例1

伝えたいこと: トムは元気そうだ。

1：日本語
トム(A) は 元気(B) そうだ。

2：日英語
トム(A) appear 元気(B)

3：英語
Tom(A) appears fine(B).

完成形: Tom appears fine.

例2

伝えたいこと: 彼は忙しそうな感じでした。

1：日本語
彼(A) は 忙しい(B) そうな感じでした。

2：日英語
彼(A) appear 忙しい(B)

3：英語
He(A) appeared busy(B).

完成形: He appeared busy.

👁	**look**	Aは（外見から判断して）＝Bに思える

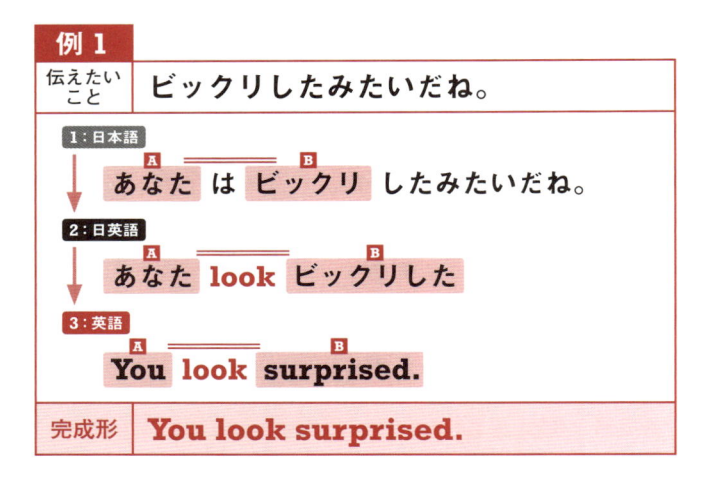

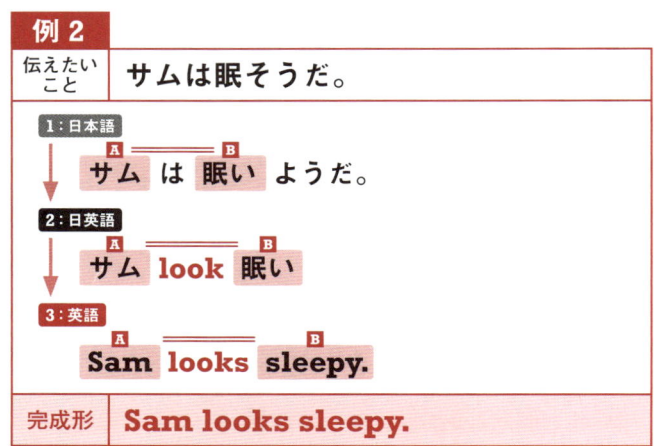

例1

伝えたいこと	ビックリしたみたいだね。

1：日本語
↓ あなた は ビックリ したみたいだね。

2：日英語
↓ あなた look ビックリした

3：英語
You look surprised.

完成形	**You look surprised.**

例2

伝えたいこと	サムは眠そうだ。

1：日本語
↓ サム は 眠い ようだ。

2：日英語
↓ サム look 眠い

3：英語
Sam looks sleepy.

完成形	**Sam looks sleepy.**

seem   Aは（外見から判断して）＝Bに思える

例1

伝えたいこと: そのレッスンは難しそうですね。

1：日本語
そのレッスン〔A〕 は 難しい〔B〕 ようですね。

2：日英語
そのレッスン〔A〕 seem 難しい〔B〕

3：英語
The lesson〔A〕 seems difficult〔B〕.

完成形: The lesson seems difficult.

例2

伝えたいこと: 先生は嬉しそうだった。

1：日本語
先生〔A〕 は 嬉しい〔B〕 ようだった。

2：日英語
先生〔A〕 seem 嬉しい〔B〕

3：英語
The teacher〔A〕 seemed happy〔B〕.

完成形: The teacher seemed happy.

smell Aは ＝ Bの匂いがする

例1

| 伝えたいこと | 彼女はいい匂いがする。 |

1：日本語
彼女 は いい 匂いがする。

2：日英語
彼女 smell いい

3：英語
She smells good.

| 完成形 | **She smells good.** |

例2

| 伝えたいこと | アキは花の香りがした。 |

1：日本語
アキ は 花 の香りがした。

2：日英語
アキ smell 花

3：英語
Aki smelled a flower.

| 完成形 | **Aki smelled a flower.** |

taste | Aは ＝ Bの味がする

例1

伝えたいこと: 刺身はおいしい。

1：日本語
刺身(A) は おいしい(B) 味がする。

2：日英語
刺身(A) taste おいしい(B)

3：英語
Sashimi(A) tastes delicious(B).

完成形: Sashimi tastes delicious.

例2

伝えたいこと: 今日のランチはまずかった。

1：日本語
今日のランチ(A) は まずい(B) 味がした。

2：日英語
今日のランチ(A) taste まずい(B)

3：英語
Today's lunch(A) tasted bad(B).

完成形: Today's lunch tasted bad.

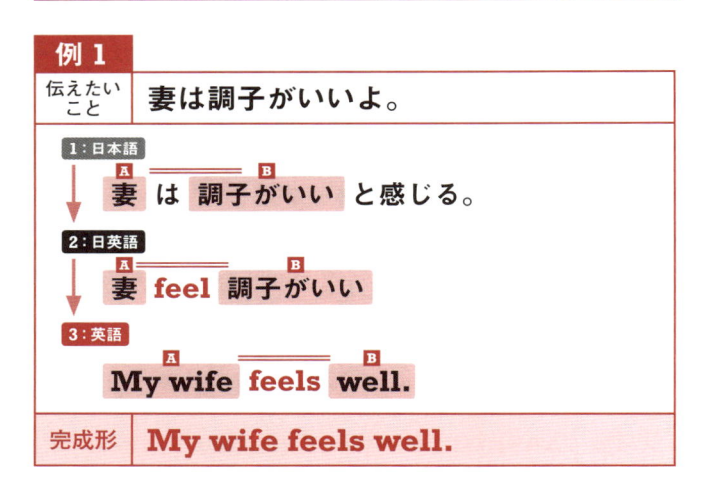

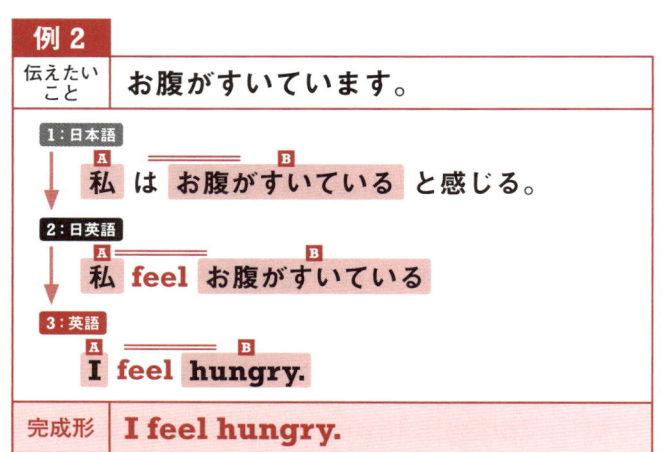

feel　　Aは ＝ Bと感じる

例1

伝えたいこと: 妻は調子がいいよ。

1：日本語
　A 妻 は　B 調子がいい　と感じる。

2：日英語
　A 妻　feel　B 調子がいい

3：英語
　A My wife　feels　B well.

完成形: My wife feels well.

例2

伝えたいこと: お腹がすいています。

1：日本語
　A 私 は　B お腹がすいている　と感じる。

2：日英語
　A 私　feel　B お腹がすいている

3：英語
　A I　feel　B hungry.

完成形: I feel hungry.

remain　Aは ＝ Bの状態のままである

例1

伝えたいこと　彼女はずっと若々しいままだろう。

1：日本語
彼女 は 若々しい ままだろう。
（積み残し情報：ずっと）

2：日英語
彼女 remain 若々しい
（積み残し情報：ずっと）

3：英語
She remains young forever.

完成形　She remains young forever.

例2

伝えたいこと　私は太ったままだろう。

1：日本語
私 は 太った ままだろう。

2：日英語
私 remain 太っている

3：英語
I remain fat.

完成形　I remain fat.

⏱	**stay**	Aは ＝ Bの状態のままである

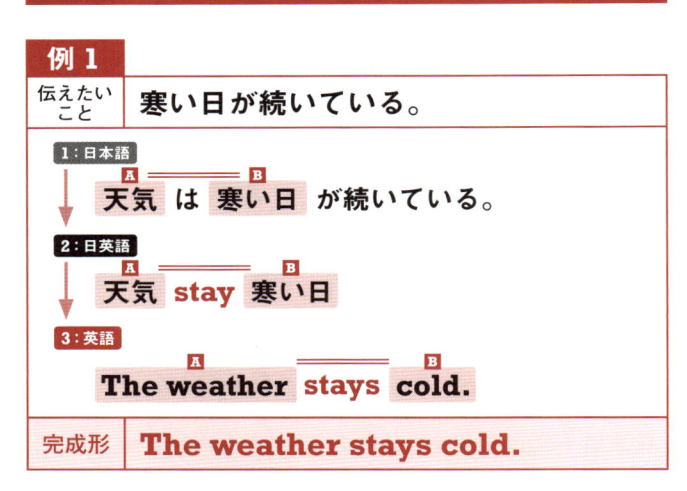

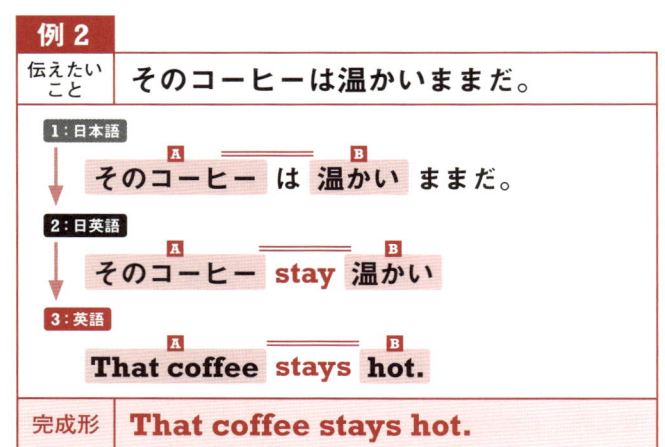

例1

伝えたいこと	寒い日が続いている。

1：日本語
↓ 　[A]天気 は [B]寒い日 が続いている。

2：日英語
↓ 　[A]天気 stay [B]寒い日

3：英語
　　[A]The weather stays [B]cold.

完成形	The weather stays cold.

例2

伝えたいこと	そのコーヒーは温かいままだ。

1：日本語
↓ 　[A]そのコーヒー は [B]温かい ままだ。

2：日英語
↓ 　[A]そのコーヒー stay [B]温かい

3：英語
　　[A]That coffee stays [B]hot.

完成形	That coffee stays hot.

become — Aは ＝ Bになる

例1

伝えたいこと: 彼は医者になった。

1：日本語
彼 [A] は 医者 [B] になった。

2：日英語
彼 [A] become 医者 [B]

3：英語 ※「become」の過去形は「became」
He [A] became a doctor [B].

完成形: He became a doctor.

例2

伝えたいこと: 彼の本は人気になった。

1：日本語
彼の本 [A] は 人気 [B] になった。

2：日英語
彼の本 [A] become 人気 [B]

3：英語
His book [A] became popular [B].

完成形: His book became popular.

図45 findの仲間の動詞11個

1	believe	誰は Aが＝B と信じる
2	consider	誰は Aが＝B と考える
3	feel	誰は Aが＝B と感じる
4	set	誰/何は Aを＝B にする
5	make	誰/何は Aを＝B にする
6	turn	誰/何は Aを＝B に変える
7	keep	誰は Aを＝B に保つ
8	leave	誰は Aを＝B に放っておく
9	call	誰は Aを＝B と呼ぶ
10	name	誰は Aを＝B と名づける
11	like	誰は Aが＝B を好む

believe　誰は Aが＝B と信じる

例1

伝えたいこと：彼はきっと悲しんでいるに違いない。

1：日本語
[誰]私 は [A]彼 が [B]きっと悲しんでいる に違いないと信じる。

2：日英語
[誰]私 believe [A]彼 ＝ [B]悲しい

3：英語 ※通常AとBの間に「to be」が入る
[誰]I believe [A]him [B]sad.

完成形　I believe him (to be) sad.

例2

伝えたいこと：私たちはあなたの仕事が
すばらしいに違いないと信じている。

1：日本語
[誰]私たち は [A]あなたの仕事 が [B]すばらしい と信じる。

2：日英語
[誰]私たち believe [A]あなたの仕事 ＝ [B]すばらしい

3：英語 ※通常AとBの間に「to be」が入る
[誰]We believe [A]your work [B]excellent.

完成形　We believe your work (to be) excellent.

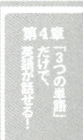

How to learn English with the Indian method

consider　誰は Aが＝B と考える

例1

伝えたいこと：私は彼が誠実だと思っています。

1：日本語
[誰] 私 は [A] 彼 が [B] 誠実だ と思っています。

2：日英語
[誰] 私 consider [A] 彼 ＝ [B] 誠実だ

3：英語
[誰] I consider [A] him [B] honest.

完成形　**I consider him honest.**

例2

伝えたいこと：私はその計画が間違っていると思います。

1：日本語
[誰] 私 は [A] その計画 が [B] 間違っている と思います。

2：日英語
[誰] 私 consider [A] その計画 ＝ [B] 間違っている

3：英語
[誰] I consider [A] that plan [B] wrong.

完成形　**I consider that plan wrong.**

| feel | 誰は Aが＝B と感じる |

例1

伝えたいこと: ガイドは親切だね。

1：日本語
誰 私 は A ガイド が B 親切 だねと感じる。

2：日英語
誰 私 feel A ガイド ＝ B 親切

3：英語
誰 I feel A the guide B kind.

完成形: I feel the guide kind.

例2

伝えたいこと: 今日のパーティーは良かった。

1：日本語
誰 私 は A 今日のパーティー が B 良かった と感じた。

2：日英語
誰 私 feel A 今日のパーティー ＝ B 良かった

3：英語 ※AとBの間に「to be」が入ることがある ※「feel」の過去形が「felt」
誰 I felt A today's party B good.

完成形: I felt today's party (to be) good.

How to learn English with the Indian method

	set	誰/何は Aを＝B にする

例1

伝えたいこと	スクリーンを青にしました。

1：日本語
誰/何 は スクリーン を 青 にした。
私

2：日英語
誰/何 set スクリーン ＝ 青
私

3：英語
誰/何
I set the screen blue.

完成形	**I set the screen blue.**

例2

伝えたいこと	私はその部屋をキレイにしておいた。

1：日本語
誰/何 は その部屋 を キレイ にしておいた。
私

2：日英語
誰/何 set その部屋 ＝ キレイ
私

3：英語
誰/何
I set the room clean.

完成形	**I set the room clean.**

| make | 誰/何は Aを＝B にする |

例1

伝えたいこと: 英語のプレゼンテーションで緊張する。

1：日本語
英語のプレゼンテーション（誰/何） は 私（A） を 緊張（B） させる。

2：日英語
英語のプレゼンテーション（誰/何） make 私（A） ＝ 緊張する（B）

3：英語
English presentation（誰/何） makes me（A） nervous（B）.

完成形: English presentation makes me nervous.

例2

伝えたいこと: 音楽は楽しい。

1：日本語
音楽（誰/何） は 私（A） を 楽しく（B） する。

2：日英語
音楽（誰/何） make 私（A） ＝ 楽しい（B）

3：英語
Music（誰/何） makes me（A） happy（B）.

完成形: Music makes me happy.

turn 　誰/何は Aを＝B に変える

例1

| 伝えたいこと | そのメールで彼は怒った。 |

1：日本語
そのメール は 彼 を 怒った に変えた。

2：日英語
そのメール turn 彼 ＝ 怒った

3：英語
The email turned him angry.

| 完成形 | The email turned him angry. |

例2

| 伝えたいこと | 私はホワイトボードをきれいにした。 |

1：日本語
私 は ホワイトボード を きれい にした。

2：日英語
私 turn ホワイトボード ＝ きれい

3：英語
I turned the whiteboard clear.

| 完成形 | I turned the whiteboard clear. |

keep   誰は Aを＝B に保つ

例 1

伝えたいこと: あなたの秘密については黙っておきました。

1：日本語
私 は あなたの秘密 を 黙って おきました。

2：日英語
私 keep あなたの秘密 ＝ 黙る

3：英語 ※「keep」の過去形は「kept」
I kept your secret quiet.

完成形: I kept your secret quiet.

例 2

伝えたいこと: そのゼリーを冷たいままにしておきます。

1：日本語
私 は そのゼリー を 冷たい ままにしておく。

2：日英語
私 keep そのゼリー ＝ 冷たい

3：英語
I keep the jelly cold.

完成形: I keep the jelly cold.

	leave	誰は Aを＝B に放っておく

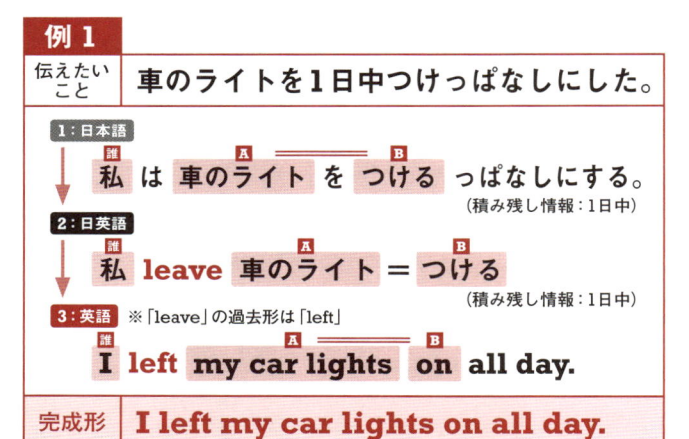

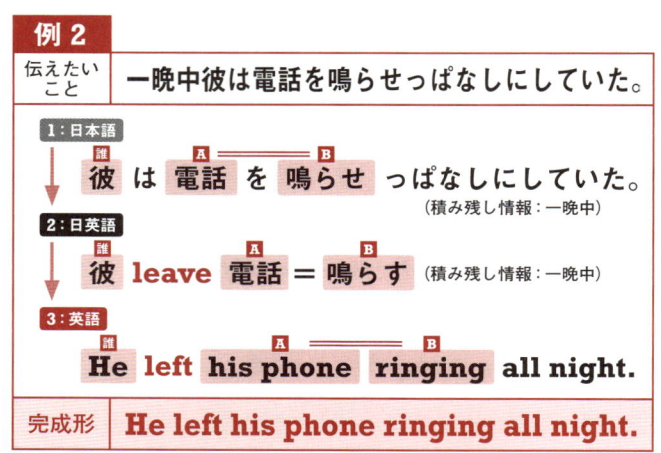

例1

伝えたいこと: 車のライトを1日中つけっぱなしにした。

1：日本語
私 は 車のライト を つける っぱなしにする。
（積み残し情報：1日中）

2：日英語
私 leave 車のライト ＝ つける
（積み残し情報：1日中）

3：英語 ※「leave」の過去形は「left」
I left my car lights on all day.

完成形: I left my car lights on all day.

例2

伝えたいこと: 一晩中彼は電話を鳴らせっぱなしにしていた。

1：日本語
彼 は 電話 を 鳴らせ っぱなしにしていた。
（積み残し情報：一晩中）

2：日英語
彼 leave 電話 ＝ 鳴らす （積み残し情報：一晩中）

3：英語
He left his phone ringing all night.

完成形: He left his phone ringing all night.

call 誰は A を ＝ B と呼ぶ

例1

伝えたいこと: ハワイを「この世の楽園」(Paradise on earth)と呼んでいる

1：日本語
私 は ハワイ を 「この世の楽園」 と呼ぶ。

2：日英語
私 call ハワイ ＝ 「この世の楽園」

3：英語
I call Hawaii "Paradise on earth".

完成形: I call Hawaii "Paradise on earth".

例2

伝えたいこと: あなたをエキスパートと呼んでいました。

1：日本語
私 は あなた を エキスパート と呼んでいました。

2：日英語
私 call あなた ＝ エキスパート

3：英語
I called you an expert.

完成形: I called you an expert.

How to learn English with the Indian method

👉 name	誰は Aを＝B と名付ける

例1

伝えたいこと: 私たちはそのプロジェクトをストロングと名づけた。

1：日本語
　私たち は そのプロジェクト を ストロング と名付けた。
（誰／A／B）

2：日英語
　私たち name そのプロジェクト ＝ ストロング

3：英語
　We named the project "Strong".

完成形: We named the project "Strong".

例2

伝えたいこと: あなたは犬をムサシと名づけました。

1：日本語
　あなた は 犬 を ムサシ と名付けた。

2：日英語
　あなた name 犬 ＝ ムサシ

3：英語
　You named your dog Musashi.

完成形: You named your dog Musashi.

| 👍 | **like** | 誰は Aが＝B を好む |

例1

伝えたいこと: お酒は熱燗がいい。

1：日本語
　誰　　　　A　　　　　B
　私 は お酒 は 熱燗 がいい。

2：日英語
　誰　　　　A　　B
　私 like お酒 ＝ 熱燗

3：英語
　誰　　　　A　　　　B
　I like my sake hot.

完成形: I like my sake hot.

例2

伝えたいこと: 冬は凍り付くくらい寒い方がいい。

1：日本語
　誰　　　A　　　　　　B
　私 は 冬 は 凍り付くくらい寒い 方がいい。

2：日英語
　誰　　　A　　　B
　私 like 冬 ＝ 凍り付くくらい寒い

3：英語
　誰　　　　A　　　　B
　I like winter freezing.

完成形: I like winter freezing.

図46 give の仲間の動詞18個

1	bring	誰／何は 人に 物を 持ってくる
2	hand	誰／何は 人に 物を 手渡す
3	lend	誰／何は 人に 物を 貸す
4	offer	誰／何は 人に 物を 申し出る
5	pass	誰／何は 人に 物を 渡す
6	pay	誰／何は 人に 物を 支払う
7	send	誰／何は 人に 物を 送る
8	show	誰／何は 人に 物を 見せる
9	teach	誰／何は 人に 物を 教える

10	tell	誰／何は 人に 物を **言う**
11	write	誰／何は 人に 物を **書く**
12	buy	誰／何は 人に 物を **買ってあげる**
13	cook	誰／何は 人に 物を **料理してあげる**
14	find ※giveの仲間にもなる	誰／何は 人に 物を **見つけてあげる**
15	get	誰／何は 人に 物を **手に入れてあげる**
16	make ※giveの仲間にもなる	誰／何は 人に 物を **作ってあげる**
17	play	誰／何は 人に 物を **演奏してあげる**
18	ask	誰／何は 人に 物を **たずねる**

bring — 誰／何は 人に 物を 持ってくる

例1

伝えたいこと：彼女はお父さんのところへ彼女の犬を連れてきた。

1：日本語
誰/何 彼女 は 人 お父さん に 物 彼女の犬 を 連れてきた。

2：日英語
誰/何 彼女 bring 人 お父さん 物 彼女の犬

3：英語 ※「bring」の過去形は「brought」
誰/何 She brought 人 her dad 物 her dog.

完成形：She brought her dad her dog.

例2

伝えたいこと：今晩、娘さんにこの贈り物を持っていけるよ。

1：日本語
誰/何 あなた は 人 娘さん に 物 この贈り物 を 持っていく。
（積み残し情報：今晩）

2：日英語
誰/何 あなた bring 人 娘さん 物 この贈り物
（積み残し情報：今晩）

3：英語
誰/何 You can bring 人 your daughter 物 this gift tonight.

完成形：You can bring your daughter this gift tonight.

| **hand** | 誰／何は 人に 物を **手渡す** |

例1

伝えたいこと: 彼に道具を渡した。

1：日本語
私 は 彼 に 道具 を渡した。
（誰/何）（人）（物）

2：日英語
私 hand 彼 道具
（誰/何）（人）（物）

3：英語
I handed him the tool.
（誰/何）（人）（物）

完成形: I handed him the tool.

例2

伝えたいこと: 彼女は彼に財布を手渡した。

1：日本語
彼女 は 彼 に 財布 を手渡した。
（誰/何）（人）（物）

2：日英語
彼女 hand 彼 財布
（誰/何）（人）（物）

3：英語
She handed him the wallet.
（誰/何）（人）（物）

完成形: She handed him the wallet.

| 📦→ | **lend** | 誰／何は 人に 物を 貸す |

例 1

| 伝えたいこと | 彼にお金貸した？ |

1：日本語
↓ あなた は 彼 に お金 を貸した？

2：日英語
↓ あなた lend 彼 お金？

3：英語
Did you lend him money?

| 完成形 | **Did you lend him money?** |

例 2

| 伝えたいこと | 私は彼にDVDシリーズを貸してあげた。 |

1：日本語
↓ 私 は 彼 に DVDシリーズ を貸してあげた。

2：日英語
↓ 私 lend 彼 DVDシリーズ

3：英語 ※「lend」の過去形は「lent」
I lent him my DVD series.

| 完成形 | **I lent him my DVD series.** |

| 📢 | **offer** | 誰／何は 人に 物を 申し出る |

例1

伝えたいこと: 私は彼女に助けを申し出た。

1：日本語
誰/何 私 は 人 彼女 に 物 助け を申し出た。

2：日英語
誰/何 私 offer 人 彼女 物 助け

3：英語
誰/何 I offered 人 her 物 help.

完成形: I offered her help.

- -

例2

伝えたいこと: 彼は私にいくつかの提案をしてきた。

1：日本語
誰/何 彼 は 人 私 に 物 いくつかの提案 をしてきた。

2：日英語
誰/何 彼 offer 人 私 物 いくつかの提案

3：英語
誰/何 He offered 人 me 物 some proposals.

完成形: He offered me some proposals.

| pass | 誰／何は 人に 物を渡す |

例1

伝えたいこと: 彼らは彼女の友達にチケットを手渡した。

1：日本語
彼ら（誰/何）は 彼女の友達（人）に チケット（物）を手渡した。

2：日英語
彼ら（誰/何） pass 彼女の友達（人） チケット（物）

3：英語
They passed（誰/何） her friend（人） the ticket（物）.

完成形: They passed her friend the ticket.

例2

伝えたいこと: 資料をください。

1：日本語
あなた（誰/何）は 私（人）に 資料（物）をください。

2：日英語
あなた（誰/何） pass 私（人） 資料（物）

3：英語 ※相手に「〜してください」とお願いするときは、「You」を取って「Please」をつける
Please pass me（人） the documents（物）.

完成形: Please pass me the documents.

pay

誰／何は 人に 物を **支払う**

例1

伝えたいこと　私は彼にお金を払いました。

1：日本語
誰/何　人　物
私 は 彼 に お金 を 払いました。

2：日英語
誰/何　人　物
私 pay 彼 お金

3：英語
誰/何　人　物
I paid him the money.

完成形　I paid him the money.

例2

伝えたいこと　彼女に靴代として1万円支払った。

1：日本語
誰/何　人　物
私 は 彼女 に 1万円 を支払った。
（積み残し情報：靴代として）

2：日英語
誰/何　人　物
私 pay 彼女 1万円
（積み残し情報：靴代として）

3：英語
誰/何　人　物
I paid her 10 thousand yen for the shoes.

完成形　I paid her 10 thousand yen for the shoes.

| 🎁 | **send** | 誰／何は 人に 物を送る |

例1

| 伝えたいこと | 彼に伝言を送った。 |

1：日本語
↓ 私 は 彼 に 伝言 を送った。

2：日英語
↓ 私 send 彼 伝言

3：英語 ※「send」の過去形は「sent」
I sent him a message.

| 完成形 | **I sent him a message.** |

例2

| 伝えたいこと | お客さんが彼に贈り物を送った。 |

1：日本語
↓ お客さん は 彼 に 贈り物 を送った。

2：日英語
↓ お客さん send 彼 贈り物

3：英語
The customer sent him a gift.

| 完成形 | **The customer sent him a gift.** |

show	誰／何は 人に 物を 見せる

例1

伝えたいこと: 彼らはマネージャーに新しい企画について見せました。

1：日本語
[誰/何] 彼ら は [人] マネージャー に [物] 新しい企画 を 見せました。

2：日英語
[誰/何] 彼ら show [人] マネージャー [物] 新しい企画

3：英語
[誰/何] They showed [人] their manager [物] the new plan.

完成形: They showed their manager the new plan.

例2

伝えたいこと: 書類を見せられるよ。

1：日本語
[誰/何] 私 は [人] あなた に [物] 書類 を 見せられるよ。

2：日英語
[誰/何] 私 show [人] あなた [物] 書類

3：英語
[誰/何] I can show [人] you [物] the document.

完成形: I can show you the document.

teach

誰／何は 人に 物を教える

例1

伝えたいこと: そのガイドは町の歴史について教えてくれました。

1：日本語
　そのガイド(誰/何) は 私たち(人) に 町の歴史(物) を教えてくれました。

2：日英語
　そのガイド(誰/何) teach 私たち(人) 町の歴史(物)

3：英語 ※「teach」の過去形は「taught」
　The guide(誰/何) taught us(人) that town's history.(物)

完成形: The guide taught us that town's history.

例2

伝えたいこと: マンガについて教えてくれる？

1：日本語
　あなた(誰/何) は 私(人) に マンガ(物) を教えてくれる？

2：日英語
　あなた(誰/何) teach 私(人) マンガ(物)

3：英語
　Will you(誰/何) teach me(人) Manga art?(物)

完成形: Will you teach me Manga art?

India

tell

誰／何は 人に 物を **言う**

例1

伝えたいこと: 彼女は子供たちにいい物語を話した。

1：日本語
[誰/何] 彼女 は [人] 子供たち に [物] いい物語 を話した。

2：日英語
[誰/何] 彼女 tell [人] 子供たち [物] いい物語

3：英語 ※「tell」の過去形は「told」
[誰/何] She told [人] the children [物] a good story.

完成形: She told the children a good story.

例2

伝えたいこと: マネージャーが新しいシステムについて教えてくれた。

1：日本語
[誰/何] マネージャー は [人] 私たち に [物] 新しいシステム を教えてくれた。

2：日英語
[誰/何] マネージャー tell [人] 私たち [物] 新しいシステム

3：英語
[誰/何] Our manager told [人] us [物] a new system.

完成形: Our manager told us a new system.

| 📝 | **write** | 誰／何は 人に 物を 書く |

例1

| 伝えたいこと | 友達に詩を書いてあげた。 |

1：日本語
↓ 私（誰/何）は 友達（人）に 詩（物）を書いてあげた。

2：日英語
↓ 私（誰/何） write 友達（人） 詩（物）

3：英語 ※「write」の過去形は「wrote」
I（誰/何） wrote my friends（人） a poem（物）.

| 完成形 | **I wrote my friends a poem.** |

例2

| 伝えたいこと | 母が手紙を書いてくれた。 |

1：日本語
↓ 母（誰/何）は 私（人）に 手紙（物）を書いてくれた。

2：日英語
↓ 母（誰/何） write 私（人） 手紙（物）

3：英語
My mother（誰/何） wrote me（人） a letter（物）.

| 完成形 | **My mother wrote me a letter.** |

| buy | 誰／何は 人に 物を 買ってあげる |

例1

伝えたいこと：家族に家を買ってあげた。

1：日本語
誰/何 私 は 人 家族 に 物 家 を買ってあげた。

2：日英語
誰/何 私 buy 人 家族 物 家

3：英語 ※「buy」の過去形は「bought」
誰/何 I bought 人 my family 物 a house.

完成形：I bought my family a house.

例2

伝えたいこと：彼女は私に誕生日プレゼントを買ってくれた。

1：日本語
誰/何 彼女 は 人 私 に 物 誕生日プレゼント を買ってくれた。

2：日英語
誰/何 彼女 buy 人 私 物 誕生日プレゼント

3：英語
誰/何 She bought 人 me 物 presents for my birthday.

完成形：She bought me presents for my birthday.

| cook | 誰／何 は 人に 物を 料理してあげる |

例1

| 伝えたいこと | 彼女に豪華な食事を作ってあげる。 |

1：日本語
↓ 私 は 彼女 に 豪華な食事 を作ってあげる。

2：日英語
↓ 私 cook 彼女 豪華な食事

3：英語
I cook her great meals.

| 完成形 | **I cook her great meals.** |

例2

| 伝えたいこと | 今晩は君に夕飯を作ってあげるよ。 |

1：日本語
↓ 私 は 君 に 夕飯 を作ってあげるよ。
（積み残し情報：今晩は）

2：日英語
↓ 私 cook 君 夕飯　（積み残し情報：今晩は）

3：英語
I will cook you dinner tonight.

| 完成形 | **I will cook you dinner tonight.** |

India

find | 誰／何は 人に 物を 見つけてあげる

例1

伝えたいこと：彼がその新しい方法を見つけてくれた。

1：日本語
誰/何 彼 は 人 私たち に 物 その新しい方法 を見つけてくれた。

2：日英語
誰/何 彼 find 人 私たち 物 その新しい方法

3：英語 ※「find」の過去形は「found」
誰/何 He found 人 us 物 the new way.

完成形 He found us the new way.

例2

伝えたいこと：先生がよい英語のテキストを見つけてくれました。

1：日本語
誰/何 先生 は 人 私 に 物 よい英語のテキスト を見つけてくれました。

2：日英語
誰/何 先生 find 人 私 物 よい英語のテキスト

3：英語
誰/何 The teacher found 人 me 物 a good English textbook.

完成形 The teacher found me a good English textbook.

| get | 誰／何は 人に 物を 手に入れてあげる |

例1

伝えたいこと: 私は母にコンサートのチケットを手に入れてあげた。

1：日本語
誰/何 私 は 人 母 に 物 コンサートのチケット を手に入れてあげた。

2：日英語
誰/何 私 get 人 母 物 コンサートのチケット

3：英語 ※「get」の過去形は「got」
誰/何 I got 人 my mother 物 a concert ticket.

完成形: I got my mother a concert ticket.

例2

伝えたいこと: 資料をください。

1：日本語
誰/何 あなた は 人 私 に 物 資料 をください。

2：日英語
誰/何 あなた get 人 私 物 資料

3：英語 ※相手に「〜してください」とお願いするときは、「You」を取って「Please」をつける
Please get 人 me 物 documents.

完成形: Please get me documents.

| make | 誰／何は 人に 物を 作ってあげる |

例1

伝えたいこと: 先週末妹がお昼ご飯を作ってくれました。

1：日本語
誰/何[妹] は 人[私] に 物[お昼ご飯] を作ってくれました。
（積み残し情報：先週末）

2：日英語
誰/何[妹] make 人[私] 物[お昼ご飯] （積み残し情報：先週末）

3：英語 ※「make」の過去形は「made」
誰/何[My younger sister] made 人[me] 物[a lunch] last weekend.

完成形: My younger sister made me a lunch last weekend.

例2

伝えたいこと: 友達が誕生日カードを作ってくれた。

1：日本語
誰/何[友達] は 人[私] に 物[誕生日カード] を作ってくれた。

2：日英語
誰/何[友達] make 人[私] 物[誕生日カード]

3：英語
誰/何[One of my friends] made 人[me] 物[the birthday card].

完成形: One of my friends made me the birthday card.

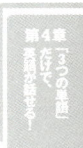

| ♪ | play | 誰／何は 人に 物を 演奏してあげる |

例 1

伝えたいこと: そのピアニストは日本の曲を弾いてくれました。

1：日本語
そのピアニスト は 私たち に 日本の曲 を 弾いてくれました。

2：日英語
そのピアニスト play 私たち 日本の曲

3：英語
The pianist played us Japanese music.

完成形: The pianist played us Japanese music.

例 2

伝えたいこと: 女の子がバイオリンを弾いてくれました。

1：日本語
女の子 は 私たち に バイオリン を 弾いてくれました。

2：日英語
女の子 play 私たち バイオリン

3：英語
A girl played us the violin.

完成形: A girl played us the violin.

| | ask | 誰／何は 人に 物を たずねる |

例1

| 伝えたいこと | 質問をどうぞ。 |

1：日本語
誰/何 あなた は 人 私 に 物 質問 をたずねてください。

2：日英語
誰/何 あなた ask 人 私 物 質問

3：英語 ※相手に「〜してください」とお願いするときは、「You」を取って「Please」をつける
Please ask 人 me 物 any questions.

| 完成形 | **Please ask me any questions.** |

例2

| 伝えたいこと | 彼女は駅への道を尋ねてきた。 |

1：日本語
誰/何 彼女 は 人 私 に 物 駅への道 を尋ねてきた。

2：日英語
誰/何 彼女 ask 人 私 物 駅への道

3：英語
誰/何 She asked 人 me 物 the way to the station.

| 完成形 | **She asked me the way to the station.** |

How to learn English with the Indian method

おわりに

将来、たくさんの日本人が、世界で大活躍することを願って！

　本書、『英語は「インド式」で学べ！』を、最後までお読みいただき、本当に、ありがとうございます！！

　私が「英語学習」に従事して、かれこれ35年くらいになります。
　その間、「英語」を取り巻く環境は、激変しました。本書で、何度も申し上げたとおり、英語は「あこがれ」の対象から、「ビジネスの道具」へと、変わったのです。

　ところが、その割には、「日本人の英語力」が向上してきたようには見えません。
　なぜか。それは、「英語は道具！」というイメージを、日本人が持っていないからなのです！

「その道具は、私たち、日本人が使う場合は、どんな点が扱いにくいのか？」

「どうしたら、道具である英語を、上手に使いこなせるようになるのか？」

そういった、
- **日本人が英語を学習する上でのつまずきポイント**
- **日本人にとって、最も効率のよい学習法**

というものが、まるで「整理」されていないのです。
　だから、いつまでたっても、アメリカ語のマネをするという「ネイティブ信仰」から脱却できないのです！！

「英語は道具」なのだから、自分が必要なときに、必要なだけ使えれば、それで十分なはずなのです。

　その「割り切り」が、まるでできておらず、それどころか、**「正確なネイティブっぽい英語を話せないのであれば、それを指摘されるのが恥ずかしいから、英語はひと言も話さない！」**と、多少、英語が話せるにもかかわらず、本当に、ひと言も話さない日本人が、大勢いるのです！！

　そんな日本の環境の中にいた私が、「インド人の英語」に出会ったときのことは忘れられません。「発音」も強烈！　「文法」もビックリ！

つまりは、英語と母国語の「差」がありすぎて、いろいろ妥協しないと、とてもじゃないが、英語なんか話せないことを、彼らは見抜いていたのです。

　そして、「自分たちでも使いこなせて、世界でも受け入れられる自分たちの英語」を確立したのです。

　グローバル社会で求められることは、**「自分たちの英語を作って、それをドンドン使って世界に打って出る」という積極性であり、そのための工夫**なのです。
　それが、この「インド式英語学習法」なのです。

　もちろん、これが「唯一の正解だ！」なんて、言うつもりはありません。

　ただ、本書を機会に「自分たちが話せる英語をきちんと考え、それを作り上げることの重要性」を、多くの方々に気づいていただけたら、幸いです。

　そして、本書、『英語は「インド式」で学べ！』は、全国の「TSUTAYA（一部店舗除く）」で、2013年10月下旬よりDVDがレンタル開始予定です。詳しくは、「TSUTAYAビジネスカレッジのサイト

（http://tsutaya-college.jp/）」でご確認ください。

　最後になりましたが、本書の出版に際しまして、私の執筆に多大なる助力をいただいた、弊社：パンネーションズ・コンサルティング・グループの上原千友さんとKeith Weinstockさん、そして、DVDの映像制作をしていただきましたTSUTAYAビジネスカレッジ・プロデューサーの西園直広さんには、大変、お世話になりました。大感謝です！

　また、最後の最後に……、本書の編集作業において、ご助力いただきましたクロロスの藤吉豊さん、同じく、クロロスの斎藤充さん、そして、本書の編集を担当していただきました株式会社ダイヤモンド社の飯沼一洋さんには、本当にお世話になりました。記して、感謝申し上げます。

　本書の出版によって、将来、たくさんの日本人が堂々と英語をしゃべって、世界で大活躍することを、願ってやみません。

2013年9月
（株）パンネーションズ・コンサルティング・グループ
代表取締役　**安田 正**

【著者プロフィール】
**株式会社パンネーションズ・
コンサルティング・グループ 代表取締役**
安田 正（やすだ ただし）

....

株式会社パンネーションズ・コンサルティング・グループ代表取締役。
早稲田大学理工学術院非常勤講師。

　1990年に法人向け研修会社パンネーションズを設立し、「日本人のための英語学習法」を提供。そのユニークな学習方法はNHK「クローズアップ現代」や、多くの雑誌メディアでも取り上げられた。
　これまでIT、電機機器メーカー、自動車メーカー、小売業、金融などの多岐にわたる大手企業＆中小企業、約1500社、55万人に研修を実施している。
　現在は、「英語」の他「ロジカル・コミュニケーション®」「ロジカル・ライティング」「対人対応コーチング」「交渉術」などのビジネスコミュニケーションの領域で研修を行っている。安田自ら講師、コンサルタントとして活躍中。

　早稲田大学理工学術院非常勤講師を務める一方で、東京大学大学院工学系研究科、お茶大アカデミック・プロダクションでも授業を担当。また、過去に

は、一橋大学国際教育センターでも授業を担当した経験を持つ。著書に、

- 『一流役員が実践している仕事の哲学』
 （クロスメディア・パブリッシング）
- 『１億稼ぐ話し方』(フォレスト出版)
- 『ロジカル・コミュニケーション®』
- 『ロジカル・ライティング』
 （以上、日本実業出版社）
- 『こう使い分けたい！
 できるビジネスマンの英単語』(中経出版)
 など、多数。

【連絡先】
(株)パンネーションズ・コンサルティング・グループ
代表取締役　安田 正
http://www.pan-nations.co.jp/

安田 正の「facebook」
https://www.facebook.com/yasuda0806

※また、本書『英語は「インド式」で学べ！』の内容を「ｅラーニング」で学べる「システムイングリッシュ　ｅラーニング」についてご興味のある方は、インターネットで【インド式英語ｅラーニング】とご検索くださいませ。

英語は「インド式」で学べ！
2013年 9 月27日　第 1 刷発行
2014年 1 月30日　第 9 刷発行

著　者―――――安田 正
発行所―――――ダイヤモンド社
　　　　　　　〒150-8409　東京都渋谷区神宮前6-12-17
　　　　　　　http://www.diamond.co.jp/
　　　　　　　電話／03・5778・7227（編集）　03・5778・7240（販売）
装丁―――――――ハッチとナッチ
編集協力――――藤吉 豊（クロロス）
本文デザイン・DTP―斎藤 充（クロロス）
製作進行――――ダイヤモンド・グラフィック社
印刷――――――勇進印刷（本文）・加藤文明社（カバー）
製本――――――川島製本所
編集担当――――飯沼一洋

Ⓒ2013 Tadashi Yasuda
ISBN 978-4-478-02592-5
落丁・乱丁本はお手数ですが小社営業局宛にお送りください。送料小社負担にてお取替え
いたします。但し、古書店で購入されたものについてはお取替えできません。
無断転載・複製を禁ず
Printed in Japan